Kurt Theodor Oehler
Streitfall Migration

AF672080

Kurt Theodor Oehler

Streitfall Migration

Eine Kontroverse

Frank & Timme
Verlag für wissenschaftliche Literatur

ISBN 978-3-7329-0718-2
ISBN E-Book 978-3-7329-9257-7

© Frank & Timme GmbH Verlag für wissenschaftliche Literatur
Berlin 2021. Alle Rechte vorbehalten.

Das Werk einschließlich aller Teile ist urheberrechtlich geschützt. Jede Verwertung außerhalb der engen Grenzen des Urheberrechtsgesetzes ist ohne Zustimmung des Verlags unzulässig und strafbar. Das gilt insbesondere für Vervielfältigungen, Übersetzungen, Mikroverfilmungen und die Einspeicherung und Verarbeitung in elektronischen Systemen.

Herstellung durch Frank & Timme GmbH,
Wittelsbacherstraße 27a, 10707 Berlin.
Printed in Germany.
Gedruckt auf säurefreiem, alterungsbeständigem Papier.

www.frank-timme.de

Inhaltsverzeichnis

 © Frank & Timme Verlag für wissenschaftliche Literatur

 © Frank & Timme Verlag für wissenschaftliche Literatur

1 Einleitung

Dies ist ein Vorabdruck eines Kapitels aus dem Buch „Mysterium Mensch. Tiefenpsychologische Interpretation von Mensch, Gruppe und Gesellschaft“, das im März 2021 beim Verlag Frank & Timme, Berlin, erscheinen wird. Das Problem, das in diesem Kapitel behandelt wird, betrifft ein hochaktuelles und sehr brisantes Thema, das in Europa, Amerika und auch in Asien, eigentlich auf der ganzen Welt, die Menschen bewegt – und ihnen heftig auf den Nägeln brennt: Die illegale Migration.

Darf man ohne ein schlechtes Gewissen zu haben und ohne der Fremdenfeindlichkeit bzw. des Rassismus bezichtigt zu werden, gegen die illegale Migration eingestellt sein? Wird man, als Rassist bezeichnet, wenn man entschieden gegen die Seenotrettung, für die Abschottung der Grenzen und generell gegen die illegale Migration argumentiert?

Oder zwingt uns die Moral zu grenzenloser Aufnahme bzw. Integration der ankommenden Kriegs- und Wirtschaftsflüchtlinge?

Der Schweizer Professor Jean Ziegler, der ehemalige UN-Sonderberichterstatter für das Recht auf Nahrung, vertritt grundsätzlich einen prägnanten Standpunkt und gibt auf diese Fragen eine klare Antwort:[1]

> „Wir brauchen einen Aufstand des Gewissens!“ „Eine Grenze zu schließen ist ein Verbrechen gegen die Mensch-

lichkeit". „In Artikel 14 der UN-Menschenrechtserklärung von 1948 heißt es: ‚Jeder [Mensch] hat das Recht, in anderen Ländern Schutz vor Verfolgung zu suchen und zu bekommen.'" Solche Grundrechte seien absolut und nicht verhandelbar. Sie stünden über jedem Vertrag und über jedem Gesetz. Das Verhalten der EU in den Auffanglagern in Griechenland zerstöre das moralische Fundament.

Manfred Weber, der Fraktionsvorsitzende der Europäischen Volkspartei im Europäischen Parlament, pocht hingegen im gleichen Interview auf dem Recht jedes Staates, selbst zu entscheiden, „wer reindarf". Die Europäische Union verfolge dabei drei Kernanliegen:[2]

- „… besser koordinierte Entwicklungshilfe für die Herkunftsstaaten.
- Einen strikteren Schutz der Außengrenzen.
- Eine solidarische Verteilung der Asylberechtigten."

© Frank & Timme Verlag für wissenschaftliche Literatur

2 In Europa geht ein riesiger Elefant um

Ein riesiger Elefant stampft unübersehbar durch Europa, und niemand will es wahrhaben: die Migrationsproblematik.

Niemand will darüber reden, weil es Schuldgefühle, Scham und möglicherweise auch Aggressionen weckt. Viele Menschen denken, dass man einfach abwarten müsse. Denn niemand könne wissen, wie viele Menschen tatsächlich noch kommen werden.

Niemand will ein schlechter Mensch sein. Deshalb wollen sich viele Menschen nur hinter vorgehaltener Hand als Gegner der ungeregelten bzw. illegalen Migration zu erkennen geben. Es droht der Vorwurf, ein intoleranter, inhumaner, nicht hilfsbereiter Mensch oder gar ein unverbesserlicher Rassist zu sein. Zudem spielt die Vergangenheit eine Rolle – vor allem in Deutschland.

Muss man tatsächlich akzeptieren, dass afrikanische Migranten ihre Heimatländer verlassen und nach Europa drängen?

2019 hat der UN-Menschenrechtsausschuss eine historische Entscheidung getroffen:

> „Klimaflüchtlingen darf das Recht auf Asyl nicht verweigert werden, wenn ihr Leben in Gefahr ist.“[3]

Dieser Beschluss, bezogen auf die zunehmende Klimaerwärmung, eröffnet der Migration Tür und Tor. In Europa angekommen, kommen auf die Migranten aber ganz andere Probleme zu. Erst jetzt beginnen die eigentlichen Herausforderungen. Die Migranten haben es schwer, sich in die westliche Gesellschaft einzufügen. Sie sind anders geprägt, denken anders und versammeln sich, um der Vereinsamung zu entgehen, in Parallelgesellschaften.

Das ist vermutlich erst der Anfang

Vermutlich begegnen uns im augenblicklichen Flüchtlingsdrama nur die ersten Vorboten eines noch viel größeren Unglücks:

Im Jahre 2018 lebten auf dem afrikanischen Kontinent 1,3 Milliarden Menschen. Im Jahre 2050 sollen es doppelt so viele sein.[4]

Die Stiftung des Microsoft-Gründers Bill Gates nahm diesen Trend zum Anlass, eine neue Studie herauszugeben. Die Prognosen im aktuellen Bericht „Goalkeepers 2018“ sind düster[5]: Im Jahre 2050 sollen rund 40 Prozent der extrem armen Bevölkerung der Welt in nur zwei Ländern leben: in Nigeria und der Demokratischen Republik Kongo.

Es kommt aber noch schlimmer. Das traditionelle Frauenbild in Afrika ist trotz zahlreicher Bemühungen noch immer sehr präsent. Nach wie vor bringt eine Frau in Teilen des Kontinents, zum Beispiel in Nigeria, durchschnittlich fünf Kinder zur Welt. Bis zum Jahr 2100 könnte sich die afrikanische Bevölkerung auf 4,3 Milliarden mehr als verdreifachen. Afrika wäre nach diesen Voraussagen bei der Bevölkerungszahl fast gleichauf mit dem heute bevölkerungsreichsten Kontinent Asien.[6] Das übersteigt jede bis-

© Frank & Timme Verlag für wissenschaftliche Literatur

herige Prognose und bedeutet, dass es in den kommenden Jahren nicht mehr nur einzelne Menschen sein werden, die nach Europa kommen wollen. Es werden auch nicht Tausende oder Hunderttausende sein, sondern Millionen oder Hunderte von Millionen, die kommen wollen. Das ist eine ernstzunehmende Prognose.

Das zeigt sich schon im Einzelnen, wie diese Begegnung illustriert:

> Der Mann aus Angola, der am 10. Februar 2020 im Münchner Hauptbahnhof auf den Zug wartet, arbeitet seit einunddreißig Jahren als Hilfsarbeiter in Deutschland. Seine Frau und seine drei Kinder leben in der Nähe von Luanda. Am gleichen Tag fliegt er in seine Heimat zurück, um seine Familie zu besuchen. Auf meine Frage, ob seine Freunde auch nach Deutschland kommen wollten, sagt er: „Alle wollen kommen, alle jungen Männer."
> Auf meine zweite Frage, ob er nicht nach Angola zurückkehren und dort ein Geschäft aufbauen wollte, sagte er: „In Angola sind alle korrupt. Es gibt keine Rechtssicherheit. Es gibt keine Kredite und die Materialen werden gestohlen oder unterschlagen. Und wenn man Erfolg hat, wird man enteignet."

Die größte Bedrohung des 21. Jahrhunderts

Die Migrationsfrage ist deshalb eine Jahrhundertaufgabe. Dabei geht es weniger um Rassen, Hautfarben, Religionen oder um die Staatsangehörigkeit, sondern in erster Linie um kulturelle Prägungen und darum, inwiefern diese mit der westlichen Kultur vereinbar sein werden. Der deutsche Sozialdemokrat und ehemalige Vizekanzler Sigmar Gabriel sagte deshalb:

> „Die Migrationsfrage ist eine Jahrhundertaufgabe".[7]

„Wir schaffen das" oder „Das Boot ist voll"

Welche Auswirkungen wird diese Entwicklung auf Europa haben? Wie wird gegebenenfalls die verarmte afrikanische Bevölkerung reagieren? Wird Europa, wie das allgemein erwartet wird, von Wirtschaftsflüchtlingen überrannt werden? Kann sich Europa dieser Entwicklung noch erwehren?

Vermutlich wird bald der Ruf ertönen: „Das Boot ist voll!" Und die Volksmeinung wird zwischen den Standpunkten „Wir schaffen das" und „Das Boot ist voll" hin und her pendeln.

Nicht Hunderttausende, sondern Hunderte von Millionen werden angesichts widriger wirtschaftlicher, politischer und klimatischer Bedingungen in ihrer Heimat den Weg nach Europa suchen. Es werden nicht nur einige, sondern sehr viele junge Afrikaner kommen wollen. Es ist aber nicht möglich, Hunderte

 © Frank & Timme Verlag für wissenschaftliche Literatur

von Millionen von Menschen in Europa aufzunehmen bzw. zu integrieren.

Das sind abstrakte Zahlen, die man aber dennoch nicht ignorieren darf. Denn die Folgen werden nicht abstrakt sein. Sie werden eine Realität darstellen, deren Ausmaß schon heute zu erkennen ist. Damit wird eine neue Immigrationskultur entstehen, die politische Erschütterungen mit sich bringen und ein neues politisches Selbstverständnis bzw. eine gänzlich neue moralische Ausrichtung verlangen werden.

3 Wie äußert sich die Migrationsproblematik in Europa?

Es erstaunt nicht, dass die Bevölkerung schon heute sehr betroffen reagiert und eine unentschlossene Reaktion der Politiker zunehmend abstrafen wird. Anhand einer Studie über die Ängste der deutschen Bevölkerung wurde 2019 folgende Rangliste erstellt[8]:

- Überforderung durch Flüchtlinge zu 56%
- Spannungen durch Ausländerzuzug zu 55%
- Gefährliche Welt durch Trump zu 55%
- Politischer Extremismus zu 47%
- Terrorismus zu 44%

Das Ergebnis ist nicht überraschend. Entgegen der Erwartung wurden 2019 von der deutschen Bevölkerung nicht mehr der Terrorismus oder der Extremismus als die am meisten beängstigenden Faktoren genannt, sondern die Migration und der Ausländerzuzug.

Das hat sich gegenüber früheren Jahren entscheidend verändert und hat vermutlich neben anderen Faktoren auch zum weltweit wahrnehmbaren Rechtsrutsch beigetragen.

Grundsätzlich muss man aber festhalten, dass viele Einwanderer den aufnehmenden Gesellschaften auch Vorteile gebracht haben. Viele Migranten fügen sich problemlos und bereichernd in die westliche Gesellschaft ein. Trotzdem hat sich die Einstellung der Bevölkerung entscheidend gewandelt. Warum?

Ein Aspekt ist, dass die Menschen in Europa anscheinend immer weniger bereit sind, die illegale Migration und deren direkte bzw. indirekte Folgen zu dulden. Insbesondere die lokale Zunahme von Kriminalität, städtische Gewaltexzesse und die Entstehung von parallelgesellschaftlichen Strukturen in Verbindung mit Familienclans wirken zunehmend bedrohlich.

Der Gewaltexzess vom 20. Juni 2020 in Stuttgart

„Die Gewalt-Exzesse von Stuttgart haben gezeigt, welch polizeifeindliches Klima derzeit in Deutschland herrscht. FOCUS-Online hat diesen Zustand mehrfach angeprangert. In einer E-Mail an die Redaktion schildert ein Beamter nun, wie frustrierend der Job ist – weil die Politik versagt und Täter ‚Narrenfreiheit' genießen würden.

In eindringlichen Worten schildert er, unter welch schwierigen Bedingungen er und viele Tausend seiner Kollegen in ganz Deutschland arbeiten müssen. Er beklagt eine immer schlimmer werdende ‚Diffamierung unseres Berufsstandes' und beschreibt, wie schwer es für die Sicherheitskräfte geworden ist, Recht und Ordnung in unserem Land durchzusetzen. Nicht nur durch fehlenden politischen Rückhalt, sondern auch durch eine Justiz, die in nicht wenigen Fällen zu milde urteilt und so dazu beiträgt,

 © Frank & Timme Verlag für wissenschaftliche Literatur

dass die Täter den Rechtsstaat als schwach und inkonsequent wahrnehmen."[9]

Wer waren die Täter von Stuttgart[10]:

> „Von den 25 vorläufig festgenommenen Verdächtigen haben zwölf die deutsche Staatsbürgerschaft, vier weitere sind jeweils kroatische, portugiesische, polnische und lettische Staatsbürger. Neun der Festgenommenen sind Flüchtlinge, sie stammen aus Bosnien, dem Irak, aus Afghanistan und Somalia. Bei drei afghanischen Flüchtlingen und einem Somalier ist das Asylverfahren nicht abgeschlossen. Zwei Iraker sind anerkannte Flüchtlinge, ein afghanischer Flüchtling genießt subsidiären Schutz, der bosnische Staatsbürger verfügt über eine Duldung, wäre aber eigentlich ausreisepflichtig. Bei dem Tatverdächtigen aus Somalia wurde der Asylantrag abgelehnt. Er ist ‚vollziehbar ausreisepflichtig', kann aber derzeit nicht abgeschoben werden. Drei der 25 Tatverdächtigen haben keinen festen Wohnsitz."

Die Gewalttaten von Stuttgart werden vermutlich für die meisten Täter ohne große Folgen bleiben. „Der Rechtsstaat werde ähnliche Probleme haben wie im Fall der Kölner Silvesternacht 2015" meint etwa Amtsrichter Thorsten Schleif.[11] Das liege aber nicht an den Gesetzen, diese seien mehr als ausreichend. Viel wichtiger als das Gesetz zu ändern sei „die zügige und konsequente Anwendung dieser Strafgesetze". „Doch gerade da hapere es gewaltig: Polizei, Staatsanwaltschaften und Gerichte seien ‚seit Jahren überlastet'. […] ‚Die Sparmaßnahmen aller Bundesländer haben den Rechtsstaat über viele Jahre hinweg derart geschwächt, dass ihm […] die Luft ausgeht.'"

Die Krawallnacht vom 18./19. Juli 2020 in Frankfurt

In der Nacht zu Sonntag, dem 19. Juli 2020, ereigneten sich auf dem Frankfurter Opernplatz wüste Schlägereien und tätliche Übergriffe auf die Polizei. In der Folge wurden fünf Polizeibeamte verletzt und 39 Tatverdächtige festgenommen. Von den Festgenommenen stammten zehn aus Frankfurt, andere waren in der gleichen Nacht von Offenbach, Hanau, Darmstadt, Limburg und Heidelberg gezielt angereist. Der Großteil der Verdächtigen hatte einen Migrationshintergrund und war wegen Körperverletzung, Sachbeschädigung und Diebstahl bereits polizeibekannt.

Die Gewaltexzesse in Köln, Berlin, Frankfurt und jetzt in Stuttgart sind Ausdruck einer schon lange bestehenden und viel tiefer liegenden Problematik: der Bildung von Parallelgesellschaften.

 © Frank & Timme Verlag für wissenschaftliche Literatur

4 Parallelgesellschaften und Familienclans in Europa

Die türkisch-arabischen Familienclans

Ausgehend von den politischen Verwerfungen in den frühen 1980er Jahren im Libanon und später im Irak, in Syrien und in der Türkei kam es zu einem kontinuierlichen Flüchtlingsstrom nach Westeuropa. Da die Integration dieser Flüchtlingsgruppen teilweise als gescheitert betrachtet werden muss und sich die Flüchtlinge in den Aufnahmeländern nicht willkommen fühlten, begannen sie, sich untereinander zusammenzuschließen und nach außen hin abzugrenzen. Da es zudem schwierig war, eigene Einkommen zu generieren und so das Überleben der Familie zu sichern, organisierten sie sich zunehmend in ethnisch abgegrenzten Subkulturen, die im Laufe der Zeit immer mehr in ein kriminelles Gewaltmilieu abglitten. In der Folge bildeten sich in deutschen Ballungsgebieten zunehmend patriarchalisch-hierarchisch organisierte Parallelstrukturen mit eigener Wertordnung, die sich hauptsächlich über ihre türkische bzw. arabische Familienzugehörigkeit definierten. Als wichtigste Vertreter dieser Gruppierungen traten folgende Clans in Erscheinung[12]:

- „Der Miri-Clan kam infolge der Flüchtlingsbewegung im Libanon-Krieg in den frühen 80er Jahren nach Deutschland. Es handelt sich weniger um unmittelbar verwandte Personen als um Angehörige und Nachfahren einer bestimmen Volksgruppe, die aus ihrem Siedlungsgebiet an der syrisch-türkischen Grenze vertrieben worden war."[13] Er setzt sich aus über zwei Dutzend türkisch-libanesischen Familien zusammen und umfasst mehrere Tausend Mitglieder, die vor allem in Bremen, Essen und Berlin wohnen. Auf das Konto des Clans gehen schwere Fälle von Drogenhandel, Diebstahl und Hehlerei.
- Der Abou-Chaker-Clan geht auf eine palästinensische Familie zurück, die zuerst vor dem Nahostkonflikt und später vor dem Bürgerkrieg im Libanon nach Deutschland und Dänemark flüchtete.
  Zu zweifelhaftem Ruhm gelangte die Familie 2010 durch den sogenannten „Pokerraub" in Berlin. Dort wuchs der Clan zu einer Großfamilie von mehreren Hundert Mitgliedern heran. Der Clan trat strafrechtlich in Erscheinung durch Körperverletzungen, Schutzgelderpressung, Drogen- und Waffenhandel bis zu Raubüberfällen, Entführungen und Zuhälterei.
- Der Remmo-Clan stammt aus der Volksgruppe der „Mhallami" aus Südostanatolien. Im Laufe der Jahre wuchs aus dem Familienverband ein kriminelles Wirtschaftsunternehmen von mehr als 500 Mitgliedern heran, das in erster Linie durch Immobilienbetrügereien

© Frank & Timme Verlag für wissenschaftliche Literatur

in Millionenhöhe strafrechtlich in Erscheinung trat. Auf ihr Konto gehen ein Mord, mehrere Brandanschläge, ein tödlicher Unfall mit Fahrerflucht, Geschäfte mit Drogen und Waffen sowie Geldwäsche und Betrug in großem Ausmaß. Gegen drei Clan-Mitglieder wird seit dem Jahre 2017 wegen eines Kunstraubs aus dem Bode-Museum ermittelt, bei dem eine 100 Kilogramm schwere Goldmünze entwendet worden war.

- Die Al-Zein-Großfamilie ist mit mehr als 10.000 Mitgliedern die am weitest verzweigte kurdisch-arabische Familie mit Ablegern in Europa bzw. speziell in Deutschland. Ihr Anführer trägt den Spitznamen „Der Pate von Berlin". Neben der typischen Clankriminalität mit illegalen Geschäften, Körperverletzungen, Betrug und Diebstahl gehört auch ein Auftragsmord an einer weiblichen Familienangehörigen, die das selbsternannte und rechtswidrige Familiengericht des Clans zum Tod verurteilt hatte.

Neben den arabischen Familienclans gibt es noch andere Strukturen, zum Beispiel die „italienische Mafia", die überwiegend im Ruhrgebiet in Erscheinung tritt, die sogenannte „Russenmafia", die „Schwedische Mafia" und die „Serben-Mafia", die sich in krimineller Absicht sowohl in fast allen europäischen Ländern als auch speziell in ganz Deutschland ausbreiten.

Die italienische Mafia

Zur italienischen Mafia gehören in Deutschland unter anderem

- die kalabrische „Ndrangheta“, die in Deutschland etwa 340 Mitglieder umfasst. Deren Pate Arcangelo Maglio konnte am 23. April 1980 im Rahmen eines spektakulären Bombenanschlages auf das Gefängnis Wuppertaler-Bendahl ausbrechen und zurück nach Italien fliehen.
- die sizilianische „Cosa Nostra“, der etwa 120 Mitglieder angehören,
- die „Camorra“, die in Neapel und der Region Kampanien beheimatet ist und die etwa 100 Mitglieder umfasst, und schließlich die
- „Sacra Corona Unita“ aus Apulien, der etwa 25 Mitglieder angehören.

Vermutlich gibt es auch eine Dunkelziffer, die ein Mehrfaches an Mitgliedern umfasst.

Die italienischen Mafia-Organisationen haben sich in erster Linie dem kriminellen Gelderwerb verpflichtet und unterliegen einer strengen Schweigepflicht (Omertà). Der jährliche Gewinn, der aus illegalen Geschäften mit Drogenhandel, Waffenschmuggel, Schwarzgeldgeschäften, Schutzgelderpressungen, Menschenhandel, Prostitution und Geldwäsche in großem Stil gewonnen wird, beträgt ca. 55 Milliarden Euro. Das Bundesfinanzministerium schätzt, dass die Mafia jährlich annähernd 100 Milliarden

 © Frank & Timme Verlag für wissenschaftliche Literatur

Euro umsetzt. Das sind gewaltige Summen, die dem Fiskus widerrechtlich entzogen werden.

Damit werden die Machenschaften der italienischen Mafia zur großen Gefahr – nicht nur für den deutschen Rechtsstaat.

Die Ndrangheta ist auch in der Schweiz präsent[14]: Am 21.07.20 nahmen Beamte der Guardia di Finanza, des Fedpol und der Kantonspolizei Aargau, Tessin, Zug und Solothurn insgesamt 75 Personen fest. Es wurden drei Feriendörfer und Güter für 160 Millionen Euro, hundert Parzellen Land und mehr als 80 Luxusautos beschlagnahmt.

Das Aargauer Dorf Muri soll sich zur Drehscheibe einer Ndrangheta-Zelle entwickelt haben:

> „Auf einen Schlag sieht sich die Aargauer Gemeinde Muri im Zentrum einer gewaltigen Polizeiaktion der italienischen und die Schweizer Behörden gegen die kalabrische Mafia. … Dass viele ‚frisierte' Autos vor der Beiz standen, dass der Lärm aufheulender Motoren manchmal unerträglich war, fiel zwar auf und ärgerte manchmal, aber: Mit der Mafia brachte das keiner in Verbindung, sagen Beobachter, die ihre Namen aus Sicherheitsgründen nicht in der Zeitung lesen wollen."[15]

Die Russenmafia

Die sogenannte Russenmafia stieß nach dem Zerfall der Sowjetunion in das politische Vakuum, das durch das Verschwinden der DDR entstanden war, vor und entwickelte sich im Dienste staatlicher Stellen und reicher russischer Oligarchen zu einer verschworenen Männergesellschaft. Deren Tätigkeiten, die sich hinter der Geheimorganisation „Diebe im Gesetz“ (Russisch: „Wory w zakone“) verbergen, erstreckten sich über kriminellen Waffenschmuggel, Schutzgelderpressungen, Geldwäsche, Einkauf in westliche Unternehmen bis zu Auftragsmorden.

Die Gruppe „Diebe im Gesetz“, die angeblich 22 Bosse, ca. 50 Banden und ca. 10.000 Angehörige umfasst, wurde als Widerstandsorganisation gegen das Stalin-Terrorregime gegründet, verweigerte schon damals jegliche Zusammenarbeit mit staatlichen Organen und pflegt noch heute einen strengen Verhaltens-Codex.

Die Serben-Mafia

Die serbische Mafia, auch „Naša Stvar“ genannt, erlangte Anfang der 1970er Jahre große Bekanntheit.

Die ersten Anhänger bestanden aus Fangruppen der beiden Belgrader Fußballvereine „Roter Stern“ und „Partizan“ und entwickelten sich in der Folge zu kriminellen Vereinigungen, die mit Schmuggel, Geldwäsche, Drogengeschäften zu großen Vermögen gelangten. Ihr Anführer war Željko Ražnatović, genannt „Arkan“. Dieser wurde am 17. April 1952 als Sohn eines Offiziers der jugoslawischen Luftwaffe in Brežice geboren. Ražnatović bediente sich geschickt seiner wachsenden Macht, war intelligent und sprach fünf Sprachen.

 © Frank & Timme Verlag für wissenschaftliche Literatur

Das jugoslawische Regime, in erster Linie Slobodan Milošević, bediente sich der kriminellen Organisationen, um die Regimegegner im In- und Ausland in Schach zu halten. Langsam entstanden aus den locker organisierten kriminellen Strukturen straff organisierte paramilitärische Milizverbände. Die serbische Freiwilligengarde wurden zu einer Eliteeinheit ausgebildet und kämpften als „Arkans Super Tiger“ gegen die Kroaten, Bosnier, Albaner und Kosovaren. Sie machten für das serbische Regime die „Drecksarbeit“, die im Jugoslawienkrieg schließlich 130.000 Menschen das Leben kostete und zu zwei Millionen Vertriebenen führte. Milošević ließ die Milizen gewähren, zum Beispiel in Vukovar, in Sarajevo und anlässlich der Massaker in Srebrenica, um selber keiner Verbrechen beschuldigt zu werden.

Der Anklage vor dem Internationalen Gerichtshof (IGH) in Den Haag konnten sich aber weder Slobodan Milošević, General Ratko Mladić noch Arkan entziehen. Slobodan Milošević starb 2006 während des Prozesses im Haager Gefängnis, General Ratko Mladić wurde 2017 zu lebenslanger Haft verurteilt und Arkan wurde trotz seines hohen Ansehens als jugoslawischer Kriegsheld am 15. Januar 2000 im Belgrader Hotel „Intercontinental“ unter nie geklärten Umständen ermordet.

Die serbische Mafia, die sich aus den verbleibenden Strukturen entwickelte, ist heute in erster Linie in Deutschland, Holland, Schweden und in Amerika aktiv.

Bandenkriminalität in Schweden

In Schweden sind in jüngster Zeit kriminelle Banden mit mindestens 187 Sprengstoffanschlägen und 33 Toten in Erscheinung getreten. Es hat sich ein krimineller Bandenkrieg zwischen rivalisierenden Clanfamilien entwickelt, der in der Nacht zum 2. August 2020 in der Ermordung eines zwölfjährigen Mädchens gipfelte.

Als rivalisierende Banden wurden der Ali-Khan-Clan und die Bacha-Bande ausgemacht, die angeblich aus dem Libanon stammen und auch in Berlin und anderen deutschen Städten ihre Ableger haben.

Bei den Auseinandersetzungen gehe es in erster Linie um Drogengeschäfte, Sprengstoffanschläge, Auftragsmorde und andere Gewaltdelikte.

Welche Folgen zeitigen Parallelstrukturen und Familienclans?

Die aus vorwiegend muslimischen Ländern stammenden Zuwanderer nach Europa suchen möglichst schnell Anschluss an ihre Landsleute. Das ist verständlich. Sie bilden im Laufe der Zeit ethnische und familiäre Parallelstrukturen, die ihnen in den fremden Ländern Halt und Sicherheit geben. Das zeitigt sowohl positive als auch negative Konsequenzen:

© Frank & Timme Verlag für wissenschaftliche Literatur

- Die Parallelstrukturen der Clans erleichtern das Einleben der Einwanderer in die neuen Gesellschaften und haben zum Ziel, ihre Mitglieder wirtschaftlich, sozial und militärisch abzusichern.
- Sie verhindern bzw. verzögern gleichzeitig die vollständige Integration der Betroffenen in die Gesellschaft der Gastländer.
- Viele Migranten, die Clans angehören, wollen sich gar nicht integrieren und lehnen das Erlernen der deutschen Sprache ab.
- Jeder Clan wird von einem Patriarchen regiert, der sich im schillernden Glanz seiner Macht und seines Reichtums sonnt.
- Die Frauen werden unterdrückt, bevormundet und zur sozialen Untätigkeit verdammt.
- Die jungen Menschen heiraten vorwiegend unter ihresgleichen. Sie wollen unter sich bleiben.
- Die Kinder der Clanfamilien werden in die patriarchalischen Strukturen hineingeboren und verinnerlichen deren Werte und Verhaltensweisen.
- Die Großfamilie ist ihre Heimat.
- Die Migranten kommen oft aus Kriegsgebieten und haben zum Teil traumatische Erfahrungen machen müssen.
- Aus diesen Gründen sind sie dem Staat gegenüber misstrauisch und den Behörden gegenüber feindselig eingestellt.

- Sie bringen eigene Wertmuster und Rechtsvorstellungen mit sich, die in autoritär regierten Ländern geprägt wurden und mit den westlichen Traditionen in weiten Teilen nicht vereinbar sind.
- Dabei werden die Muslime durch den islamischen Glauben unterstützt, da Inhalte des Korans demokratischen Rechtsvorstellungen widersprechen.
- Viele Migranten denken deshalb familienbezogen und lehnen die Priorität einer individuellen Entwicklung ab.
- Weil den langsam entstehenden Parallelstrukturen von den deutschen Behörden nicht die nötige Aufmerksamkeit entgegengebracht wurde, konnten sich die arabische Familienclans ungehindert ausbreiten.
- In der Folge haben sich allein in Berlin zwanzig Familien mit Migrationshintergrund mit bis zu je 500 Angehörigen niedergelassen.
- Die Anzahl der Clanmitglieder in Gesamtdeutschland wird vom Bundeskriminalamt (BKA) auf bis zu 200.000 geschätzt.
- Durch die Schwierigkeiten, in den neuen Ländern Fuß zu fassen, Arbeit zu finden und wirtschaftlich autark zu werden, verfallen viele Familien in kriminelle Machenschaften.
- Dabei machen sie die Erfahrung, dass sie mit Drogenhandel, Raub, Schutzgeldzahlungen, Glückspielen, Prostitution und sogenannten Enkelstricks schneller und erfolgreicher Geld verdienen als mit legalen Tätigkeiten.

© Frank & Timme Verlag für wissenschaftliche Literatur

- Sie verachten den deutschen Staat und deren Regierung als naiv und schwach.
- Die Clans errichten deshalb eigene Rechtssysteme und anerkennen die Anweisungen der Polizei, die deutsche Gerichtsbarkeit und die deutschen Gesetze nicht.
- In einzelnen Stadtteilen der deutschen Großstädte haben sich „No-Go-Areas" entwickelt, in die sich selbst deutsche Polizisten ungern begeben.
- Allein in Berlin werden etwa zehn Prozent aller Straftaten den Mitgliedern der arabischen Familienclans zugerechnet.

Die Parallelstrukturen zeitigen verheerende soziale Nebenwirkungen. Erstens erschweren sie die Integration der Kinder in die westliche Gesellschaft und damit auch das rechtzeitige und frühe Erlernen der deutschen Sprache. Sie verhindern eine angemessene und rechtzeitige Ablösung der Kinder von ihren Eltern. Die Familienclans halten ihre Kinder in einer überlangen Abhängigkeit. Sie verbauen ihnen damit die Chance auf eine zielgerichtete Entfaltung ihrer eigenen Persönlichkeit. Sie verzögern das natürliche Selbstverwirklichungsstreben. Zudem verhindern sie die Gleichberechtigung der Geschlechter und behindern die Mädchen in ihrer Identitätsentwicklung. Die Eltern führen die eigenen Kinder in die direkte Arbeitslosigkeit oder verdammen sie zu minderwertigen Tätigkeiten.

Damit verstärken sie die Unzufriedenheit und die Aggressionen der Jugendlichen.

Im Rahmen der Clan-Strukturen entstehen als einzige Alternative zu einem legalen Erwerb kriminelle Strukturen. Die Mitglieder machen die Erfahrung, dass die westlichen Sanktionssysteme nicht wirklich greifen. Letztere werden als inkompetent und schwach erlebt. Dieses Erleben fördert wiederum kriminelles Verhalten.

Die Wertekultur der arabischen Clans

Das Selbstverständnis der Clans ist es, über allem zu stehen. Sie sind ideologisch geschlossene Parallelgesellschaften. Sie sind das Wichtigste. Sie sind die Sozialversicherung für ihre Mitglieder. Sie stehen über dem Staat, über dem Gesetz, über der Politik, über den Schulen und über der Bildung. Es zählt nur das Gesetz der Stärke, der Macht und des Einflusses. „Die Clanchefs sagen: Wir sind die Zuhälter und die Rapper sind die Nutten."[16]

Die Clans verlangen bedingungslose Unterwerfung. Sie erheben Steuern, Schutzgelder, Brautgelder usw. Die Gesetze werden von den Clans gemacht, die Urteile von den Clangerichten gefällt und die Gerichtsbarkeit ist Sache der Clanmitglieder. Sie verlangen, dass ihre Gesetze von den Familienangehörigen und auch von anderen, selbstverständlich auch vom Staat und den Gerichten, anerkannt werden.[17]

Dabei sind die Strafen alles andere als menschlich: Ehrenmord, Blutrache, Todesstrafe, Steinigung, Abhacken von Körperteilen.

 © Frank & Timme Verlag für wissenschaftliche Literatur

„18 junge Männer aus dem Berliner Bezirk Neukölln haben insgesamt mehr als 200 Straftaten verübt. Sie gehören alle zur Familie Remmo. Die Remmos sind einer der arabischen Familienclans, die den deutschen Rechtsstaat zum Narren halten. Bundesweit soll es etwa zwanzig solcher Clans geben. In Neukölln ist das Phänomen besonders ausgeprägt. Dort leben rund 330 000 Menschen, der Zuwandereranteil ist hoch, und jeder vierte Einwohner bezieht Sozialhilfe. Im Herbst wurde hier der sechsunddreissigjährige Intensivtäter Nidal R. aus dem Clanmilieu erschossen – auf offener Strasse, an einem sonnigen Nachmittag. Seine Kinder mussten den Mord mit ansehen, die Täter sind bis heute nicht identifiziert."[18]

Die Kinder gehören den Clans. Sie sind Eigentum der Clans. Sie können den Müttern weggenommen und entführt werden. Die Knaben sind Prinzen, Mädchen gelten als minderwertig. Ehen werden im Sinne von Einfluss und Machtaufteilung arrangiert: Zwischen 2015 und 2017 sind circa 900 Fälle von Zwangsheirat in der Schweiz registriert worden. Bei einem Viertel der Fälle war mindestens ein Partner noch minderjährig[19].

In diesen Clans sind die Frauen im Spiel um Macht und Einfluss nur „Spielfiguren". Sie gehören den Männern. Die Brüder kontrollieren ihre Schwestern. Die Liebesehe wird als kontraproduktiv angesehen, weil sie Eigeninitiative und Selbständigkeit fördern würde, was unerwünscht ist. Die weibliche Unabhängigkeit gilt als gefährlich und wird deshalb konsequent bekämpft. Die Zürcher Hochschule für angewandte Wissenschaften publizierte 2019 eine Studie über die „Toxische Männlichkeit“[20]. In zehn Schweizer Kantonen wurden 8.300 Jugendliche im Alter zwischen 17 und 18 Jahren zur männlichen Gewalt gegen Frauen befragt. 19,4 Prozent der jungen Muslime fanden es richtig, dass ein Mann seine Frau schlägt, damit er sich als Oberhaupt der Familie durchsetzen kann. Jeder fünfte Muslim aus dem Kosovo, aus Mazedonien oder aus Sri Lanka hat in seinem Elternhaus Normen und Werte vermittelt bekommen, „die eher in Richtung Mittelalter tendieren und mit einer aufgeklärten Gesellschaft … nichts zu tun haben“.[21]

Diese Menschen legen ein Verhalten an den Tag, das ein moderner, selbstbewusster Staat nicht akzeptieren darf. In muslimischen Ländern ist diese Rückständigkeit trotz vieler Fortschritte nach wie vor weit verbreitet: Promundo und UN Women veröffentlichten eine groß angelegte Umfrage, die zeigt, dass auch 2017 in weiten Teilen der arabischen Welt Ehrenmorde stärker akzeptiert sind als Homosexualität.[22]

Die europäischen Länder brauchen offensichtlich klare Grenzen und Sanktionen, die der Staat etablieren und durchsetzen muss. In einem arabisch geprägten Milieu in diesen Ländern wachsen Kinder automatisch zu Kriminellen heran. Kriminalität ist etwas Normales. Sie ist der schnellste Weg, um an Reichtum und Ruhm zu gelangen. Arbeit und Bildung erscheinen als beschwerlich und unnütz. Sie führen nicht schnell zu Ruhm und Reichtum. Der Reichtum soll dabei anhand von Macht- und Statussymbolen, zum Beispiel mit Lamborghinis, Ferraris, Immobilien, Rolex-Uhren bzw. Goldschmuck, offen gezeigt werden. Der Sozialhilfeempfänger im teuren Sportwagen steht sinnbildhaft

 © Frank & Timme Verlag für wissenschaftliche Literatur

für die Ohnmacht von Polizei und Behörden. Mittlerweile sind die Familien so mächtig geworden, dass niemand mehr weiß, ob der Staat sie je wieder unter Kontrolle bringen kann. Eine Clanfamilie hat Hunderte oder gar Tausende Mitglieder, die eisern zusammenhalten.[23]

Die jungen Männer sind die Auserwählten der Familien, die Hoffnungsträger und die designierten Nachfolger der Patriarchen. Sie fühlen sich besser als alle anderen, als die Homosexuellen, die Roma, die Zigeuner, die Juden, die Frauen und andere Gruppen in der Gesellschaft. Ihr Ziel ist es, sich über andere zu erheben, Macht zu erlangen, Macht auszuüben, andere zu erniedrigen, zu bekämpfen, auszunehmen, zu gebrauchen bzw. zu missbrauchen. Große Macht gibt Sicherheit. Sicherheit kann so erkauft werden:

> „Die Chefs der mächtigen Berliner Clans befinden sich alle auf freiem Fuss, obwohl ihre Namen stadtweit bekannt sind und ihre Gesichter kürzlich auf der Titelseite des ‚Spiegels' zu sehen waren. Anfang des Jahres liess die Berliner Staatsanwaltschaft das Oberhaupt der bekannten Grossfamilie Abou-Chaker verhaften, was als Erfolg gewertet wurde. Doch schon nach wenigen Tagen mussten die Richter den Mann wieder laufen lassen."[24]

Angeblich werden Zeugen eingeschüchtert und mit dem Tod bedroht, damit sie ihre Aussagen vor Gericht wieder zurückziehen. Das wird im Gerichtsfall gegen den Clan-Anstifter der berüchtigtsten Clan-Familie, Ahmad „Patron" Miri, eindrücklich bestätigt[25]: Die Berliner Staatsanwaltschaft wirft Miri zweifache gefährliche Körperverletzung vor. Bei der ersten Tat im Jahre 2017 brach Miri mit drei Helfern gewaltsam in die Wohnung der heute 30-jährigen Pflegekraft Virginia E. ein und misshandelten sie schwer.

Am 24. Februar 2019 schlug Miri den heute 25-jährigen Maradonna A. mit einem Schlagring nieder und verletzte ihn schwer. Das Opfer erlitt ein Schädel-Hirn-Trauma und eine Platzwunde an der Stirn. Im Rahmen eines Familientreffens zwischen Miris Clan und der Sippe des Prügelopfers zog letzterer die Anzeige zurück.

Der Clan-Boss Ahmad Miri findet es eine bodenlose Frechheit, dass ihn die Staatsmacht zur Rechenschaft ziehen und sogar ins Gefängnis stecken will. Er habe sich gefragt: „Was ist plötzlich los in Deutschland? Spielen Polizei und Justiz auf einmal verrückt?“[26] Der Clan-Boss Issa Remmo, der mutmaßliche Chef der gleichnamigen libanesischen Großfamilie, dem zahlreiche Verbrechen zur Last gelegt werden und der zu den Tatverdächtigen gehört, denen 1.146 Vergehen zugesprochen werden, drohte einem Berliner Polizisten: „Halts Maul, halt die Fresse.“ Und „Du legst Dich mit dem Teufel an.“ „Was wollt ihr machen? Uns passiert doch eh nichts.“[27]

Und gegenüber dem zuständigen Staatsanwalt rief er verächtlich, nicht ohne drohenden Unterton: „Herr Staatsanwalt, ich kenne Sie – und alle, die mit Euch arbeiten! Ich weiß genau, wer das war.“[28]

Ein interner Bericht des Polizeipräsidium Duisburg weist darauf hin, dass es im berüchtigten Stadtteil Duisburg-Marxloh wieder auffällig brodle. Ausgangspunkt waren am 17. bzw. 19. Mai

 © Frank & Timme Verlag für wissenschaftliche Literatur

2020 die Festnahmen eines 18-jährigen Deutsch-Libanesen, der wegen gefährlicher Körperverletzung gesucht wurde, und eines ebenfalls 18-jährigen Mannes mit marokkanischen Wurzeln, der auch der libanesisch-stämmigen Großfamilie zugerechnet wird.

Die beiden Festnahmen hatten Folgen. Am 22. Mai 2020 soll im Präsidium Duisburg folgendes E-Mail eingegangen sein:

„Betreff Allahu Akbar, Duisburg-Marxloh ist unser Stadtteil. (…) Wir verbieten allen Ungläubigen, unseren Stadtteil zu betreten. Alle Polizisten, Journalisten und auch andere Ungläubige werden wir mit Waffengewalt vertreiben oder töten. Bei uns gilt nur die radikale Scharia", heißt es in dem Schreiben. „Wir haben uns 2000 Stück AK-47 Sturmgewehre mit genügend Munition aus der Türkei und Russland beschafft. Allahu Akbar, tötet alle Ungläubigen."[29]

Ist dieses E-Mail tatsächlich ernst zu nehmen? Mit Sicherheit.

Die Gewalt gegen die Polizei hat System. Die Polizei steht für den Staat. Und dieser wird von den kriminellen Clans als Bedrohung für ihre eigenen Interessen erlebt. Das Bundeskriminalamt teilte 2020 mit, dass 2019 36.126 Fälle von Gewalttaten gegenüber Polizisten registriert wurden. Die Zahl der Polizisten, die Opfer von Attacken wurden, betrug im Jahre 2019 69.466 Beamte. Die Polizei sei zum Freiwild geworden.

Opfer sind aber nicht nur die Beamten, sondern auch die eigenen Clan-Angehörigen, wenn sie die Clangesetze verletzen.

Das Übertreten der Clangesetze ist für Clan-Angehörige tödlich. Man fällt aus der Familie und ist verloren. Dann hat man den ganzen Clan gegen sich. Aussteigen bedeutet mindestens den sozialen Tod.

Bei der Migrationsproblematik geht es aber nicht nur um Parallelstrukturen und Familienclans. Es geht grundsätzlich um die Integration in neue Kulturräume. Integration wird erschwert durch islamische Sitten und Gebräuche.

 © Frank & Timme Verlag für wissenschaftliche Literatur

5 Sind die islamischen Werte mit den westlich-liberalen Werten vereinbar?

Seit der islamischen Revolution im Iran und den Anschlägen der al-Qaida, mehr noch seit der Gründung bzw. den Aktivitäten des Islamischen Staates (IS) im Irak und in Syrien, agieren politisierte Muslime mit gestärktem Selbstbewusstsein gegen die westlich orientierte Gesellschaftsordnung. Es ist deshalb wichtig, sich mit den Grundwerten des Islam näher auseinanderzusetzen.

Die Islamistischen Staaten beziehen sich in politischer und rechtlicher Hinsicht ausdrücklich auf den Koran. Aus diesen Gründen wird hier versucht, den Koran im Hinblick auf seine Werthaltungen und die wenigen Verhaltensregeln einer inhaltlichen Analyse zu unterziehen:

Inhaltsanalyse des Korans

Der Koran ist die Bibel der Moslems. Er wird von ihnen nicht nur als Anleitung zum Handeln oder als Gesetzestext, sondern in erster Linie als episches Meisterwerk verehrt. Das verlangt Respekt!

Trotzdem wird hier versucht, weniger auf die Form, als auf den Inhalt des Koran zu achten. Es geht dabei um die Prüfung der Vereinbarkeit zwischen dem islamischen Wertesystem und dem westlich-liberalen Demokratieverständnis.

Im Folgenden wird versucht, den Koran vorurteilsfrei zu lesen und zu interpretieren, weil die Konsequenzen, die sich aus den Inhalten des Koran ergeben, auch für die westliche Kultur Folgen zeitigen. Zudem erwartet die westlich-liberale Kultur auch von den Muslimen, die in europäischen Ländern leben, bedingungslose Akzeptanz.

Die vorliegende Fassung des Korans wurde von der Branusschen Verlagsbuchhandlung herausgegeben und vom Julius Klinkhardt Verlag in Leipzig 1916 als Dünndruckausgabe hergestellt. Der Koran wurde durch Lazarus Goldschmidt ins Deutsche übersetzt. Er umfasst 114 Suren auf 652 Seiten.[30]

Die erste Sure enthält eine einseitige Eröffnung. Die zweite umfasst etwa 50 Seiten und ist die längste. Dann sind die Suren der Länge nach geordnet. Die letzten Suren umfassen nur noch wenige Zeilen oder sind nicht einmal eine einzige Zeile lang. Fast alle Suren enthalten ähnliche Aussagen, die sich wiederholen. Sie bestehen hauptsächlich aus folgenden Aussagen bzw. Behauptungen:

- <u>Gott (Allah) ist allwissend:</u>
  Diese Aussage wird ca. vierhundertfünfzig Mal wiederholt. Sie beginnt in der Regel mit der Lobpreisung Gottes, der „allwissend“, „allkundig“, „allhörend“, „allbarmherzig“, „allweise“ usw. ist. Nichts entgeht dem Herrn. „Gott weiß, was im Himmel und auf Erden ist. Es gibt

© Frank & Timme Verlag für wissenschaftliche Literatur

kein Geheimgespräch unter Dreien, bei dem er nicht Vierter wäre …"
Dieser Algorithmus wird immer wieder wiederholt, zeitweise auf jeder Seite mehrmals.

- Gläubige kommen in den Himmel:
  Obige Aussage, die sinngemäß etwa zweihundertvierzig Mal vorkommt, leitet meistens zu einer Anleitung zum Handeln über, zum Beispiel „fallet nieder und betet, gebt Almosen". Vor allem enthält sie die Aufforderung, gottesfürchtig und gottesgläubig zu sein.
  Schließlich wird den Gläubigen und den sog. „Liebfrommen" als Lohn versprochen, ins Paradies zu kommen, „mit Gärten, in denen Ströme fließen, darin Jungfrauen keuschen Blickes (sind), die kein Mensch vor ihnen berühret". „Wir versorgen sie mit Früchten und Fleisch und umgeben sie mit Jünglingen und schwarzäugigen Jungfrauen, wie Perlen in den Muscheln, liebreich und gleichaltrig." „Und Jungfrauen mit schwellenden Brüsten, des Alters gleiche."

- Ungläubige kommen in die Hölle:
  Entsprechend werden den Ungläubigen ca. sechshundert Mal das Fegefeuer, die Hölle oder der Tod angedroht: „Werft in die Hölle jeden widerspenstigen Ungläubigen!" „Siedendes Wasser und Jauche wird über ihre Köpfe gegossen." „Braten sollen sie im Feuerpfuhl." „Krankheit, Pein und Tod wird sie erwarten." Weiterhin:

„… vom Höllenbaum essen", „… und darauf Trinken vom siedenden Wasser", „Ihr Genüge ist die Hölle, in der sie braten."

- Ungläubige sollen getötet werden:
  Mindestens dreizehn Mal wird im Koran gefordert, dass Ungläubige getötet werden: „Zieht in den Krieg." Dabei wird den gefallenen Gotteskriegern im Krieg gegen die Ungläubigen das Paradies versprochen. „Sind die heiligen Monate vorüber, dann tötet die Götzendiener, wo ihr sie auch findet." „Verkündet denen, die ungläubig sind, qualvolle Strafe." „Gott liebt, die für seinen Pfad kämpfen in der Schlachtlinie."
  Schließlich wird den Märtyrern ihr verdienter Lohn versprochen: „Und wer für den Pfad Gottes kämpft und getötet wird oder siegt, herrlichen Lohn geben wir ihm dereinst."

- Biblische Geschichten:
  Ungefähr einhundertsiebzig Mal wird auf biblische Geschichten verwiesen, insbesondere auf Geschichten, in denen Ungläubige oder Abgefallene vernichtet oder geächtet werden, zum Beispiel bei Noah auf die Vernichtung der Menschen durch die Fluten, auf die Zerstörung von Sodom und Gomorrha, auf den Tod der Ehefrau von Loth, auf die Vertreibung Adams aus dem Paradies, Eva isst die Frucht des „Baumes der Ewigkeit und der Herrschaft", auf die Vernichtung der Ägypter nach der

© Frank & Timme Verlag für wissenschaftliche Literatur

Flucht der Israeliten aus Ägypten, auf Joseph und seine Brüder und immer wieder auf Abraham. Die biblischen Geschichten werden als bedrohliche Beispiele für die Bestrafung der Ungläubigen angeführt.

Im Gegensatz zur Bibel, in der die Legenden ausführlich und differenziert geschildert werden, werden die biblischen Geschichten im Koran nur bruchstückhaft und oberflächlich erzählt. Etwa elf Mal werden Gleichnisse zitiert, die schon aus der Bibel bekannt sind (der Überlieferung nach hatte sich Mohammed während seiner Kindheit die Bibelgeschichten von einem „Schriftkundigen" erzählen lassen):

- Jesus ist nicht Gottes Sohn:
  Mindestens zehn Mal steht geschrieben, dass Jesus zwar ein Prophet, dass er aber nicht Gottes Sohn sei: „Verflucht seien sie, ob dem sie (dieses) sagen!" „Lügen nur reden sie!" „Und hocherhaben ist die Herrlichkeit unseres Herrn, er nahm keine Ehegenossin und keinen Sohn."

- Du sollst keine anderen Götter neben ihm haben:
  Gott wird mehr als neunzig Mal als mächtiger und unversöhnlicher Gott dargestellt, der keine Rivalen neben sich duldet: „Wahrlich, die Abgötterei ist gewaltige Sünde!" „Es gibt keinen Gott außer ihm!"

- <u>Mohammed als Gesandter, der Koran als erleuchtetes Buch:</u>
  Achtundneunzig Mal wird Mohammed als Gesandter von Gott dargestellt. Er ist Warner und Vermittler: „Dir aber ist der Koran verliehen worden von Seiten des Allmächtigen". „der weise Koran", „das erleuchtete Buch". „Was Gott seinem Gesandten (an Beute) zukommen ließ von den Bewohnern der Städte, gehört Gott und dem Gesandten …"

- <u>Verachtung der Gebildeten:</u>
  Mindestens sieben Mal stellt sich Mohammed selber in ein gutes Licht und grenzt sich entschieden von den sogenannten „Schriftkundigen" ab: „Lügner sind die meisten, die Dichter sind, ihnen folgen die Verirrten", „… und wenn ihr denen begegnet, die ungläubig sind, – ein Schlag auf den Nacken, dann ziehet fest die Fesseln." „Weshalb leugnet ihr die Verse? Die meisten ihrer sind Gottlose!" „Gott ist es, der seinen Gesandten mit der Rechtleitung und mit der wahren Religion sandte, sie hervortreten zu lassen über die Religionen alle". „… auf ehrwürdigen Blättern, Erhabenen und Lauteren, von den Händen edler und frommer Schreiber."

- <u>Gebote:</u>
  Mohammed äußert sich nur wenige Male mit Ratschlägen oder Verhaltensregeln. Er gibt einige Regeln zum

© Frank & Timme Verlag für wissenschaftliche Literatur

Verhalten zwischen Mann und Frau, zum Verhalten gegenüber Sklaven, zum Tragen von Schleiern usw. vor.

- Beispiele:
  - Almosen, Gebete: „Seid bußfertig, verrichtet eure Gebete vor dem Sonnenaufgang und nach dem Sonnenuntergang und gebet Almosen."
  - Kindstötung: „Tötet nicht die Kinder aus Angst vor Verarmung."
  - Blutrache: „Weil jemand freventlich getötet, so haben wir seinen Verwandten Gewalt gegeben."
  - Schleier tragen: „Sage den gläubigen Frauen, sie möchten ihre Blicke niederschlagen, ihre Keuschheit bewahren und ihre Reize nicht enthüllen, bis auf das, was sichtbar ist. Sie möchten ihre Schleier um ihre Busen schlagen und ihre Reize vor niemand entblößen als vor ihren Männern, ihren Vätern, ihren Brüdern … Auch sollen sie nicht ihre Beine werfen, dass man merke, was verborgen ist von ihren Reizen." „Sage den gläubigen Männern, sie möchten ihre Blicke niederschlagen und ihre Keuschheit bewahren."
  - Frauenrechte: Frauen erben nur die Hälfte des Erbgutes. Als Zeugen gelten die Zeugnisse der Frauen nur zur Hälfte.
  - Juden: „O ihr, die ihr Juden seid, meint ihr die Nächsten Gottes zu sein vor den anderen Menschen, so wünscht doch den Tod, wenn ihr wahrhaftig seid. Wahrlich, der Tod, den ihr flieht, wird euch begegnen."

Zusammenfassende Beurteilung

Der Koran ist ein literarisches Meisterwerk, in seinen konkreten Aussagen aber eher eine intolerante und kompromisslose Aussagensammlung. Schwierig ist, dass man aus dem Islam nicht austreten kann. Darauf steht laut Koran die Todesstrafe.

Das erinnert an einen ägyptischen Jungen, der in einem Bus in Kairo unterwegs war: Er schien neugierig, intelligent und wissensdurstig zu sein. Er wollte von einem mitfahrenden Touristen wissen, wie er über Ägypten und den Islam denke. Auf die Frage, ob er es wirklich wissen wolle, nickte er ungestüm. Man sah in seinem Bestreben ein echtes Interesse an anderen Meinungen. Der Tourist sagte schließlich, dass es nach seiner Überzeugung keinen Allah gebe und dass er ihn wegen seines Unglaubens eigentlich töten müsste, – laut Koran …[31]

Der Koran ist geprägt von vielen Wiederholungen. Im Hinblick auf moderne Wertvorstellungen gibt er an einigen Stellen strenge Verhaltensnormen oder Gesetzesregeln vor. Im Unterschied zur Bibel gibt es keine Schilderungen geschichtlicher Ereignisse oder differenzierte Erzählungen von zwischenmenschlichen Vorgängen, die ethische oder religiöse Fragen aufwerfen und entsprechende Antworten abgeben. Der Koran ist eine Sammlung sich ständig wiederholender religiöser Behauptungen beziehungsweise Forderungen und aus westlicher Sicht patriarchalisch-aggressiver Statements, die mit einem freiheitlich-demokratischem Verständnis nicht vereinbar sind. Die Grundhaltung ist – dies wiederum aus westlich-liberaler Sicht – unversöhnlich, bildungs- und frauenfeindlich, zudem sozialrepressiv und mit

 © Frank & Timme Verlag für wissenschaftliche Literatur

wenigen etwas vieldeutigen Ausnahmen ausgesprochen sexualfeindlich. Richter oder Politiker, die sich auf den Koran berufen, können nicht von einer demokratisch-liberalen Gesinnung erfüllt sein. Ein Islam, der zu einer freiheitlich-demokratischen Gesellschaftsordnung passen könnte, muss, geht man streng vom Koran aus, erst noch entwickelt werden.

Diskussion:

a) **Warum habe ich eine Übersetzung aus dem Jahr 1916 verwendet?**
Vielfach wird den Kritikern des Koran vorgeworfen, sich auf eine ungenaue und nicht autorisierte Übersetzung abzustützen. Die Übersetzung aus dem Jahre 1916 wurde sorgfältig bearbeitet. Sie bemühte sich um eine wortgenaue Übertragung des Textes ins Deutsche und entbehrt jeglicher Absicht, den Inhalt verzerrt oder aus politischen Gründen beschönigt darzustellen.

6 Islamische Sitten und Gebräuche

Problematisch aus westlich-liberaler Sicht erscheint, dass der Koran eine Weltsicht vertritt, die absolutistisch bzw. vormittelalterlich geprägt ist. Der politische Staat wird dem Gottesstaat gleichgesetzt, wie das im alten Ägypten oder im frühen Mittelalter Gepflogenheit war. Eine Gleichsetzung von göttlicher und weltlicher Macht ist aber seit Jahrhunderten nicht mehr zeitgemäß. Der Koran wurde im Krieg geboren und von einem Vertreter der Antike geschrieben. Er gibt auf moderne Fragen keine befriedigenden Antworten.

Durch die Geschichte des Islams zieht sich ähnlich wie beim Christentum eine breite Blutspur, die durch Kreuzzüge, Religionskriege und Vertreibungen beeinflusst war. Körperliche Gewalt, die Züchtigung von Frauen und Kindern und brutale sexuelle Übergriffe sind die äußeren Zeichen.

Das hört sich theoretisch an, hat aber praktische und nicht zuletzt auch verheerende Folgen[32]: Die Zahl der von Migranten verübten Sexualstraftaten (sexuelle Nötigung, Vergewaltigung und Missbrauch von Kindern) ist in den letzten vier Jahren um fast 500 Prozent gestiegen. Das geht aus dem am 27. April veröffentlichten Jahresbericht Kriminalität im Kontext von Zuwanderung hervor, der vom Deutschen Bundeskriminalamt (BKA) herausgegeben wird. Laut dem Bericht kamen im Jahre 2016 die Täter hauptsächlich aus den folgenden (islamisch geprägten) Ländern: Syrien, Afghanistan, Pakistan, Iran, Algerien und Marokko.[33]

Deutschlands Probleme mit von Migranten verübten Sexualverbrechen wird durch die Justiz zusätzlich verschärft, die selbst bei schwersten Verbrechen die Täter nur zu relativ milden Strafen zu verurteilen pflegt. In vielen Fällen werden Personen, die wegen Sexualstraftaten verhaftet werden, nach der Befragung durch die Polizei wieder auf freien Fuß gesetzt. Diese Praxis erlaubt es Strafverdächtigen, anschließend weiterhin so gut wie ungeschoren weitere Verbrechen zu begehen.

Freibadgäste fühlen sich belästigt

Am 29. Juni 2019 gingen in Düsseldorf bei der Polizei mehrere Notrufe aus dem Freibad ein[34]. Die Polizei rückte aus und stieß am Tatort auf eine Gruppe von mehreren Hundert Migranten, die eine Familie umringt hatten und anbrüllten. Es kam zu Rangeleien und Gewaltanwendungen.

Provokationen, Bedrohungen, Schlägereinen – immer wieder kommt es in Schwimmbädern zu Konflikten, weil die jugendlichen Muslime die relative Freizügigkeit in deutschen Badeanstalten nicht akzeptieren wollen. Die westlichen Werte bezüglich Kleidervorschriften widersprechen offensichtlich den muslimischen Kleidervorschriften, die Ganzkörperverhüllungen und Kopftücher fordern.

Die jugendlichen Migranten erleben die sexuelle Offenheit in den deutschen Schwimmbädern, die sich im Tragen von Bikinis und knappen Badeanzüge zeigt, als unmoralisch und obszön. Sie

 © Frank & Timme Verlag für wissenschaftliche Literatur

fühlen sich gefordert, gegen diese Badegewohnheiten in den westlichen Schwimmbädern vorzugehen.

Die Schwimmbadbesucher, vor allem Familien mit Kindern, empfinden diese Provokationen der muslimischen Jugendlichen als bedrohlich. Die Polizei ist zwar präsent, wird aber nicht selten handgreiflich angegriffen und verhöhnt. Oft zeigten sich die Polizisten hilflos und überfordert. Zwar werden Anzeigen gegen Unbekannt erstattet. Trotz Zeugenaussagen und Beschreibungen sei es aber kaum möglich, die Provokateure festzunehmen. Oft geht es in erster Linie um die Beruhigung der aufgeheizten Atmosphäre und nicht um die Ahndung der verübten Straftaten.

Was bedeuten solche Auseinandersetzungen für die deutsche Justiz und im Weiteren für die westliche Gesellschaft?

Diese Provokationen sind nicht harmlos. Sie spiegeln einen interkulturellen Machtkampf wider. Diese moralischen Wertvorstellungen der Muslime dürfen in westlichen Ländern nicht geduldet werden, auch nicht in der Form der meist harmlosen Konflikte in den Freibädern.

Eine Gesellschaft, die auf solche Provokationen nicht reagiert, stellt sich als schwache Gesellschaft dar. Der Staat darf nicht kapitulieren, auch wenn die konkreten Konflikte im Einzelnen banal erscheinen mögen. Die Auseinandersetzung um die westlichen Werte müssen angenommen und konstruktiv und aktiv ausgetragen werden. Man ist versucht zu sagen: Wehret den Anfängen. Es ist wie in der Gruppendynamik. Eine leiterlose Gruppe kann nicht überleben. Sie fällt nach kurzer Zeit auseinander. Und ein

Staat, der sich solche Provokationen gefallen lässt, erinnert an eine leiterlose Gruppe.

Warum entfachen muslimische Jugendliche solche Konflikte? Eigentlich könnten sie sich ruhig verhalten und versuchen, möglichst nicht aufzufallen. Im Gegenteil, sie provozieren. Warum?

Ein Hilferuf

Vermutlich spüren sie unbewusst, dass sie ein überholtes Wertesystem verinnerlicht haben. Deshalb suchen sie nach Konfrontation und provozieren Widerstand. Sie spüren die Widersprüche zwischen den Werten der muslimischen Welt und den Werten der westlichen Gesellschaft. Sie sind orientierungslos und verunsichert. Sie drohen an ihren inneren Widersprüchen zu zerbrechen.

Es bleiben ihnen nur zwei Bewältigungsmöglichkeiten: Entweder identifizieren sie sich mit den Eltern und kommen mit der westlichen Gesellschaft in Konflikt, oder sie identifizieren sich mit den westlichen Werten und zerstreiten sich mit ihren Eltern. Ihre Provokationen gleichen deshalb einem Hilferuf bzw. Appell an die westliche Gesellschaft, ihre Probleme ernst zu nehmen und sie in ihren Konflikten mit den familiären Prägungen konstruktiv zu unterstützen.

 © Frank & Timme Verlag für wissenschaftliche Literatur

Der Nikab und das Kopftuch

Die Körperverhüllung stellt eine destruktive Aggression gegenüber Frauen dar. Die Burka bzw. der Nikab und das Kopftuch sind Kleidungsstücke, die der teilweisen bzw. vollständigen Verschleierung des weiblichen Körpers dienen. Die Burka wird von vielen Frauen in Afghanistan und in Teilen von Pakistan getragen, während sich das Kopftuch zum gängigen Verhüllungskleid fast aller Musliminnen entwickelt hat. Einerseits ist es nur ein Fetzen Stoff. Man fragt sich aber, was das Kopftuchtragen der Musliminnen bedeutet:

Hinter dem Schleier der arabischen Frauen verbergen sich eher unverhohlene Liebessehnsucht und Raserei als züchtige Demut und ehrliche Frömmigkeit. Anscheinend bewirkt die Verhüllung eher das Gegenteil dessen, was sie eigentlich bezwecken sollte.

Tatsächlich waren die Araber, die in Aachen studieren, was den Umgang mit dem anderen Geschlecht betraf, alles andere als zurückhaltend. Sie machten eher den Eindruck, als seien sie emotional verhungert und auf die deutschen Mädchen äußerst gierig. Und letztere ließen sich das märchenhaft anmutende orientalische Gehabe sehr wohl gefallen. Es war, als ob sich die Schleusen endlich öffnen würden und als ob es die mittelalterlichen Kleidervorschriften und rückständigen Moralvorstellungen gar nicht geben würde.[35]

In Wirklichkeit sind sowohl die Mädchen als auch die Burschen voller Sehnsucht nach Liebe und Zärtlichkeit. Sobald diese Wünsche während der Pubertät erwachen, legen sich über die

Geschlechter eine ganze Reihe verhängnisvoller Verbote. Den Knaben ist es plötzlich nicht mehr gestattet, mit den Mädchen einen ungezwungenen Kontakt zu pflegen, mit ihnen zu sprechen und zu tanzen, und den Mädchen werden Verhaltensschikanen, z. B. das Burkatragen, auferlegt. Mit diesen Vorschriften wird die natürliche Kommunikation zwischen den Geschlechtern unterbrochen und das zwischenmenschliche Lernfeld brutal zerstört.

Die Folgen sind verheerend. Die jungen Menschen werden mit ihren natürlichen Bedürfnissen im Stich gelassen. Die Burschen müssen ihre Bedürfnisse unterdrücken und reagieren entsprechend aggressiv bzw. neurotisch, während die Mädchen, anstatt dass sie sich an ihrer Attraktivität erfreuen könnten, verängstigt, gedemütigt, gehemmt, verklemmt, scheu und letztlich auch widerspenstig werden.

Damit – durch diese brutale Unterbrechung der natürlichen psychosexuellen Reifung – werden erst die Voraussetzungen für eine gestörte und übermäßig triebhafte Charakterstruktur geschaffen, die in der Folge weitere Repressionen und Kasteiungen nach sich zieht.

Diese islamischen Regeln schaffen so durch den frühzeitigen Eingriff in den pubertären Entwicklungsverlauf ein aggressives und verklemmtes soziales Milieu, das schließlich zur Rechtfertigung für noch strengere Verhaltensvorschriften benützt wird. Es sind die religiösen Vorschriften selber, die erst die Leiden hervorbringen, die sie zu verhindern vorgeben.

Die „SonntagsZeitung" vom 23.10.19 berichtet, dass eine muslimische Oberstufenlehrerin, die anonym bleiben möchte, im Kanton Zürich während des Unterrichts kein Kopftuch tragen

 © Frank & Timme Verlag für wissenschaftliche Literatur

dürfe. Die Schulpflege begründet dieses Verbot mit dem Hinweis auf die Neutralität. Im Entscheid heißt es: „Wir wollen eine neutrale Schule, keine religiösen Vorgaben, keine Nonnen, keine Kopftücher."

Der Islamische Zentralrat der Schweiz (IZRS) möchte nun verhindern, dass die Musliminnen solche Bescheide akzeptieren und strebt entsprechende Gerichtsverfahren an. Bezugnehmend darauf meint der Arbeitsrechtsexperte der Universität St. Gallen, Thomas Geiser, dass die Schulen dieses Kopftuchverbot in einem Gerichtsverfahren kaum verteidigen könnten.

Im Hinblick auf diese Auseinandersetzung wird hier auf die außerordentliche Komplexität dieses Themas hingewiesen:

Das Kopftuchtragen hat mindestens vier Funktionen:

- Erstens ist das Kopftuch Symbol für eine Weltreligion, für den Islam. Im Koran wird das Kopftuchtragen nicht explizit gefordert. Von den gläubigen Frauen wird aber erwartet, dass „sie ihre Blicke niederschlagen, ihre Keuschheit bewahren und ihre Reize verhüllen … Sie möchten ihre Schleier um ihre Busen schlagen …"
  Jede Religion hat ihre Symbole. Für das Christentum stehen Kreuze, Kruzifixe, Heiligenbilder, Altäre, Kirchen usw. Sie symbolisieren neben der Kirche als Institution auch Nächstenliebe, Opferbereitschaft, Demut, Macht, Geborgenheit u.a.m. In dieser Hinsicht gibt es zwischen dem Kopftuchtragen und dem Tragen eines Goldkett-

chens mit Kreuz tatsächlich keinen grundsätzlichen Unterschied.
Bei islamischen Frauen unterstreicht das Kopftuchtragen ihre Zugehörigkeit zum Islam. Es vermittelt ihnen Sicherheit und Identität. Als Symbol für eine Religion kann das Kopftuchtragen nicht verboten werden, weil jede Religion das Recht hat, ihre Symbole sowohl privat als auch öffentlich zur Schau zu stellen.

- Das Kopftuchtragen hat aber noch eine zweite Bedeutung. Es stellt ein Symbol für ein persönliches Bekenntnis dar. Warum sollte es nicht jedermann beziehungsweise jeder Frau möglich sein, sich zur eigenen Religion zu bekennen? Allen Menschen steht es frei, sich zu ihrem Glauben zu bekennen und die Rituale ihrer Religion zu zelebrieren. Das steht in den Gesetzen und ist ein unabdingbares Menschenrecht.
- Das Kopftuch stellt drittens ein sichtbares Bekenntnis zu den Werten der islamischen Religion dar und steht gegen die Trennung von Kirche und Staat. Die westliche Gesellschaft muss aber standhaft bleiben, weil es um einen grundlegenden Konflikt geht, der schon während der Französischen Revolution blutig ausgetragen wurde. Muslimische Frauen, die ein Kopftuch tragen, negieren diese Trennung und mahnen damit symbolisch gegen den laizistischen Staat.
- Es gibt aber noch eine vierte Funktion des Kopftuchtragens. Das Kopftuch ist wie ein trojanisches Pferd. Nach Außen scheint es freundlich und harmlos. Im Innern

© Frank & Timme Verlag für wissenschaftliche Literatur

> trägt es aber eine verheerende Botschaft. Das Kopftuch ist auch ein Symbol für eine frauen- beziehungsweise männerfeindliche, wenn nicht gar mittelalterliche Grundhaltung. Die Frauen sollen ihre Reize vor den „gierigen Blicken lüsterner Männer“ verbergen, um sie nicht zu reizen.
> Das entspringt einem Menschenbild, das nicht in eine moderne Gesellschaft passt, in der in der Regel aufgeklärte, selbstverantwortlich handelnde Menschen leben. In dieser Hinsicht ist das Kopftuchtragen eine Provokation, ein destruktiv aggressives Symbol. Es sendet die Botschaft in die Welt, dass die Männer insgesamt sexgierig, unkontrolliert und verantwortungslos seien und jederzeit dazu bereit, Frauen zu bedrohen. Das Kopftuchtragen ist deshalb ein Symbol für eine freudlose, zwanghafte und neurotische Welt.

Das ist auch der Grund, warum das Kopftuchtragen in unserer Kultur konsequent infrage gestellt oder gar unterbunden werden sollte. Das gebietet unser Stolz auf die kulturellen Errungenschaften und ruft uns dazu auf, unsere Werte selbstbewusst und entschlossen zu verteidigen.

Es erstaunt deshalb wenig, dass viele Menschen in Europa auf das Kopftuch- und Burka-Tragen aggressiv reagieren: Fast zwei Drittel der Schweizer Bevölkerung befürworten ein striktes Burkaverbot. Entsprechend einer repräsentativen Umfrage mit 1.000 Personen des Luzerner Meinungsforschungsinstituts DemoSCOPE bejahten 2019 63% der Befragten das Burkaverbot, 33% stimmten dagegen und 4% zeigten sich unentschlossen.[36]

Welches ist die wirkliche Ursache für die Unterdrückung menschlicher Bedürfnisse? Es ist die Tatsache, dass zerstörte Seelen und unglückliche Menschen besser zu beherrschen sind als glückliche und lebensfrohe Menschen. Den Despoten scheint es zu gefallen, manipulierbare Neurotiker als Untertanen zu haben und keine reifen, selbstbewusste Menschen. Hinzu kommen möglicherweise der Neid und die Eifersucht der frustrierten Eltern auf die Freiheiten und Freuden ihrer eigenen Kinder. Die Eltern halten es anscheinend nicht aus, eine neue Generation fröhlicher und lebensfroher Menschen heranwachsen zu sehen. Aus diesen Gründen unterbrechen sie den natürlichen Entwicklungsprozess und zerstören die Lebensfreude der jungen Menschen, damit auch diese verklemmt und unzufrieden werden. Und diese wiederum werden sich künftig ebenso bemühen, die eigenen Kinder in der tradierten Weise zu strangulieren.

Es gibt junge Mädchen, die mit einem Kopftuch schwimmen gehen. Ist das wirklich die richtige Erziehung?

„Früh übt sich, wer ein braves muslimisches Mädchen werden will. Wollen sie es wirklich? Hatten sie je eine Wahl?“, fragt die Journalistin Brigit Kelle und gibt gleich noch die Antwort dazu[37]: „Kopftuchverbot ist überfällig: CDU lässt eine ganze Generation von Mädchen im Stich“, wie es in der Beitragsüberschrift heißt.[38]

Das Kopftuch und seine Botschaft

Das kulturelle Umfeld mitsamt den traditionellen Wertvorstellungen spielt auch für die Entwicklung der Demokratiefähigkeit eine wichtige Rolle. Junge Männer, die gegenüber ihren Eltern zu unbedingtem Gehorsam verpflichtet werden, und junge Frauen, die ihre Identität unter einem Kopftuch oder hinter einer Ganzkörperverschleierung verstecken müssen, haben es schwerer, als mündige und freie Bürger eines demokratischen Staates ein unabhängiges und selbstverantwortetes Leben zu führen.

Es wird ihnen als erwachsene Menschen nicht leichtfallen, ihren Standpunkt gegenüber anderen Menschen glaubwürdig zu vertreten, andere Meinungen zu respektieren und gegebenenfalls mit Andersdenkenden faire Kompromisse einzugehen.

Problematisch ist zudem, dass die orientierungslosen Jugendlichen in den Parallelgesellschaften ein kriegerisch-aggressives Wertesystem vorfinden, mit dem sie sich vorbehaltlos identifizieren müssen. Diese Wertesysteme geben zum Beispiel den angehenden „Dschihadisten" beziehungsweise „Dschihadistenbräuten" die einzigartige Möglichkeit, ihre durch die „ich-strukturellen Defizite" bedingten Aggressionen im Rahmen einer sich weltgeschichtlich rechtfertigenden, destruktiven Wertegemeinschaft scheinbar sinnerfüllt auszuleben.

Die Vorgänge in der Silvesternacht 2015 auf dem Kölner Domvorplatz haben die Diskrepanz zwischen den „patriarchalisch tradierten ich-strukturellen Defiziten" und den „westlich geprägten Werthaltungen" unmissverständlich zum Ausdruck gebracht. Die Männer, die Frauen drangsalierten, waren keine normal empfindenden Menschen. Sie waren Kriminelle, die aufgrund ihrer Familiensozialisation und der „ich-strukturellen Defizite“ ein kriminelles Potential in sich trugen.

Frauen, die sich im öffentlichen Raum nachts ohne Verschleierung und ohne männliche Begleitung aufhalten, genießen im arabischen Rechtsempfinden keine Rechte. Im Gegenteil. Sie sind „Schlampen“ beziehungsweise „Huren“. Sie machen sich mit ihrem Verhalten in den Augen der patriarchalisch geprägten Männergesellschaft strafbar und dürfen entsprechend gedemütigt oder gar geschändet werden.

Das Machtgehabe der arabisch beziehungsweise nordafrikanisch geprägten Täter zeigt deutlich die beiden Seiten einer Medaille. Auf der einen Seite stehen die rücksichtslosen und hochmütigen muslimischen Männer, die sich an den Frauen vergehen. Auf der anderen Seite stehen die gedemütigten und verschleierten Musliminnen, die sich verschüchtert in ihre Häuser zurückziehen. Es ist eine verhängnisvolle Dualität: Ohne die Macho-Typen gäbe es keine verschleierten Frauen. Und ohne verschleierte Frauen gäbe es keine Macho-Typen. Für diesen Zusammenhang ist das Kopftuch ein eindrückliches Symbol. Jede Frau, die ein Kopftuch trägt, signalisiert sowohl bewusst als auch unbewusst nach außen: Ich bin keine stolze bzw. selbstbewusste Frau, sondern

- erstens, eine schamerfüllte, gedemütigte, verängstigte und minderwertige Frau und anerkenne
- zweitens, dass es sexgierige, hasserfüllte, hochmütige und brutale Männer gibt, denen ich
- drittens, hoffnungslos ausgeliefert bin.

 © Frank & Timme Verlag für wissenschaftliche Literatur

Das Kopftuch hat neben der individuellen Bedeutung auch noch einen gesellschaftlichen Aspekt. Das Kopftuch ist das Markenzeichen für den politischen Islam. Damit markieren die Islamisten ihr Territorium. Jeglicher religiöse Fundamentalismus schränkt die Frauenrechte ein. Die Kontrolle über die Frauen bzw. ihre Körper ist die Grundlage jeder patriarchalischen Gesellschaft. Hidschab und Nikab sind die politischen Werkzeuge eines totalitären und fundamentalistischen Weltbildes.[39]

Die Muslimbrüder sind überzeugt, dass ihre Haltung die richtige ist, wenn sie unverhüllte Frauen bestrafen. Wenn sich eine Frau nicht verhüllt, ziehe sie den Zorn Gottes auf sich, da ihr Körper die Quelle aller Sünden sei. Die Islamisten, selbst ganz gewöhnliche Söhne und Familienväter, sind deshalb wenig zimperlich und wie nachfolgend angeführt zu grausamsten Taten fähig:

Der Schwesternmord

S. erstach mit seinem Bruder am vorgesehenen Hochzeitstag seine Schwester, weil sie einen der Familie nicht genehmen Mann heiraten wollte.[40]

Der Mörder dachte an die Stellung der eigenen Familie in der Großfamilie. Wenn sie diesen Mann heiratet, könne er sich nicht mehr auf der Straße blicken lassen: H. war siebzehn Jahre alt, als er auf Geheiß seines älteren Bruders dessen zwanzigjährige Lebenspartnerin ermordete. Der ältere Bruder meinte, es stehe seine Ehre auf dem Spiel, denn es lasse sich nicht länger verschweigen, dass die Frau etwas mit einem anderen habe.

Diese Frauen sind rechtlos, sie haben in der muslimischen Gesellschaft nichts zu sagen und haben nicht das Recht, eigene Beziehungen einzugehen und eigene Entscheidungen zu treffen. Ein weiteres Beispiel: T. war fünfzehn Jahre alt, als ihn sein Vater anstiftete, die zwanzigjährige Schwester zu töten. T. erstach sie in ihrem Bett und schlitzte ihr die Kehle auf. Sie wollte Kosmetikerin werden. Aber der Vater war dagegen. Die Schwester war vom Vater schwer geschlagen worden. Das wollte sie nicht mehr ertragen und flüchtete in ein Frauenhaus. Zudem hielt sich das Gerücht, dass sie mit einem Mann „durchgebrannt" sei. Schließlich ließ sie sich von der Mutter überreden, unter der schriftlichen Zusicherung des Vaters, dass er ihr nichts antue, wieder nach Hause zu kommen: Irgendeinmal sagte der Vater zu T.: „Du weißt, dass ich dich sehr schätze, wie sehr ich dich liebe und wie sehr ich dir vertraue. Aber jetzt bin ich einmal auf deine Hilfe angewiesen". Er sagte: „Mach Schluss. Du weißt schon wie." Der Vater, der wegen der Anstiftung zum Mord zu lebenslänglicher Haft verurteilt wurde und von dem sich die Mutter später scheiden ließ, meinte zu T.: „Du bist als einziger der Familie minderjährig, und als Minderjähriger kommst du um eine lange Haftstrafe herum."

Diese Taten beruhen auf einem brutalen Familienmodell. Es ist unmenschlich und ausbeuterisch. Wenn ein solcher Familienverband aus Vater, drei Ehefrauen und mehreren Kindern besteht, dann ist das eine Situation, aus der ungeahnte Komplikationen erwachsen können. Allein die möglichen Spannungen zwischen den drei Frauen und die Rivalität unter den Geschwistern stoßen an Grenzen: Zum typischen Täterprofil bei sog. „kulturell

 © Frank & Timme Verlag für wissenschaftliche Literatur

bedingten Tötungsdelikten" gehören „Männer, die in ihrer Kindheit selbst Gewalt erlebt haben". Die „immer den Mund zu halten hatten und nie gelernt hatten, Gefühle auszudrücken". Sie „regeln die Dinge vorzugsweise auf der Machtschiene."[41]

Aber, wie bringt man einen Menschen dazu, die eigene Schwester zu töten?

> „Man liefert ihm eine passende Story. Angeblich hat die Schwester dieses oder jenes verbrochen, richtet die Familie zugrunde und so weiter."[42]

Es gibt eine feste Konstellation zwischen dem Auftraggeber und seinem Erfüllungsgehilfen. Der Erfüllungsgehilfe ist üblicherweise jung, in einigen Fällen sogar minderjährig. Ein junger Mann wird von älteren Verwandten zu einer Mordtat angestiftet. Meistens war er das schwächste Mitglied in der Familie. Oft trifft es das „schwarze Schaf", das unbedingt dazugehören will. Der Mord wird so zum Ticket in die Elite der Familie. Das ist eine Art von Initiationsritus.

Eine Gesellschaft, in der Frauen entrechtet und getötet werden, geht Hand in Hand mit einer Gesellschaft, in der Sexismus, Nationalismus, Fundamentalismus und Religion stark sind. Die Frauenrechte gehören fast immer zu den ersten, die eingeschränkt werden.

Es geht bei den Religionen aber nicht nur um religiöse Symbole. Es geht grundsätzlich um die allgemeine Beziehung zur Welt und speziell zum menschlichen Leben. Wenn man als Christ bzw. Moslem sein ganzes Leben in den Dienst der Religion stellt, verändert sich damit auch die Beziehung zur Wirklichkeit. Nicht zuletzt kann das zu einem erheblichen Realitätsverlust und zu einer gefährlichen Verantwortungslosigkeit führen:

Blindes Vertrauen in die Allmacht Allahs

Die oben angeführten Beispiele sind speziell. Die gleiche Gesinnung bildet sich aber auch in anderen Lebensfeldern ab, zum Beispiel im Verkehr. Das Auto ist je nach Anwendung ein Verkehrsmittel oder eine Tötungsmaschine. In der Regel vertraut man relativ blindlings auf die Fahrkünste des Chauffeurs.

Das Vertrauen in die Fahrkünste eines islamischen Fahrers wurde 1982 auf einer Busfahrt von Srinagar (Kaschmir) nach Leh (Hauptort von Ladakh) hart auf die Probe gestellt[43]: Der Bus war in schlechtem Zustand und sowohl mit Einheimischen als auch Touristen voll besetzt. Trotzdem fuhr der Fahrer in rasendem Tempo die engen Serpentinen hinauf und hinunter und über mehr als 4.000 Meter hoch gelegene Karakorum-Pässe. Es war wie eine Wettfahrt um die schnellsten Durchfahrtzeiten. Dabei rutschten die Räder in den engen Kurven mehrmals auf der mit kleinen Steinchen belegten Straßen weg. In der Tiefe des Indus-Tales sah man mehrere rostige Stahlgerippe von ehemals abgestürzten Reisebussen. Auf einem Zwischenhalt in Cargil bat ein Tourist den Fahrer, langsamer und vorsichtiger zu fahren. Der Fahrer aber meinte, dass er rechtzeitig eine bestimmte Stelle erreichen müsse, um wegen der Gegenverkehrsregelung ungehindert weiterfahren zu können. Zudem würde es schon gut gehen.

 © Frank & Timme Verlag für wissenschaftliche Literatur

Allah sei Dank. Plötzlich wurde dem Touristen bewusst, dass der Fahrer sein und das Leben seiner Fahrgäste in die Hand Allahs gelegt hatte. Nur Allah würde über Leben und Tod entscheiden. Der Tourist war glücklich, als er unbeschadet den Hauptort Leh erreichte. Die gebuchte Rückfahrt über die Pässe wollte er aber nicht mehr riskieren und tauschte seine Fahrkarte gegen einen direkten Rückflug nach Delhi um.

Das Beispiel zeigt die allgemeine Haltung vieler Muslime gegenüber dem Leben, auch gegenüber dem Gesetz. Allah ist für das Schicksal und für allfällige Unglücksfälle verantwortlich, nicht der sich fahrlässig und verantwortungslos verhaltende Busfahrer.

Diskussion:

a) **Gehört der Islam zu Deutschland?**
In seiner berühmten Festtagsrede zum 20. Jahrestag der Deutschen Einheit sagte der deutsche Bundespräsident Christian Wulff: „Wenn mir deutsche Musliminnen und Muslime schreiben: ‚Sie sind unser Präsident' – dann antworte ich aus vollem Herzen: ‚Ja, natürlich bin ich Ihr Präsident!' … der Islam gehört inzwischen auch zu Deutschland."[44]
Gehört der Islam, wenn man seine gesellschaftliche Grundhaltung berücksichtigt, tatsächlich zu Deutschland?
Muss nicht, wer ein gläubiger Anhänger des Islam ist (und das sind in Deutschland circa 40 Prozent der mehr als vier Millionen Musliminnen und Muslime[45]*), mit den westlichen*

Wertvorstellungen und dem deutschen Grundgesetz grundsätzlich in Konflikt kommen?
Denn die Religion muss sich in Deutschland den Normen und Gesetzen der Zivilgesellschaft unterordnen. Der Konflikt kann deshalb nur gelöst werden, wenn sich der Islam reformiert. Das bedeutet folglich, dass ein strenger Islam mit nicht Grundgesetz-konformen Regeln nicht zu Deutschland gehören kann.
Nach einer kürzlich veröffentlichen Umfrage ist es in Frankreich nicht anders[46]*: 45% der unter 25-jährigen Muslime sagten, dass der Islam mit den Werten der französischen Gesellschaft „inkompatibel" sei.*

b) **Die Schwächung der westlichen Wertekultur**
Auch in der Schweiz findet man Vertreter eines äußerst konservativen, mit westeuropäischen Werten kaum zu vereinbarenden Islam, zum Teil auch Anhänger des Islamismus.
Gegen Angriffe auf unsere Wertekultur, den Staat und die Verfassung darf es kein ängstliches Zurückweichen und keine vornehme Zurückhaltung mehr geben. Der Rechtsstaat und das dem Staat zugrundeliegende Grundgesetz wurden nicht einfach gegeben. Sie sind in einem jahrhundertelangen Kampf erarbeitet worden und stellen ein hohes gesellschaftliches Gut dar. Dieses muss immer wieder von neuem von den Räten gestaltet, verbessert und aktiv verteidigt werden.

c) Patriarchalische Prägungen

Der Islam-Experte Ahmad Mansour nennt in einem Interview mit „FOCUS-Online" vier Themen, die eine Integration der Migranten erschweren[47]:

- *patriarchalische Strukturen in der Heimatkultur,*
- *die Religionsfreiheit in den Gastländern,*
- *Antisemitismus und*
- *die Meinungsfreiheit in den Gastländern.[43]*

Arabische Migranten würden Kritik stets mit einem persönlichen Angriff gleichsetzen. Sie können nicht verstehen, dass man unterschiedlicher Meinung sein kann, weil in einem patriarchalischen System das Oberhaupt der Familie immer Recht hat und die Regeln bestimmen kann. So können die Mitglieder einer Großfamilie nicht lernen, wie man sich in Wertediskussionen konstruktiv auseinandersetzt.
Auch die Religionsfreiheit ist ihnen fremd. Nach dem Koran kommen die sog. Rechtgläubigen in den Himmel und die Ungläubigen in die Hölle. Religion ist mit Allwissen, unzweifelhafter Rechthaberei und einem unabdingbaren Schwarz-weiß-Denken verbunden. Für Muslime gibt es in der Regel keine religiöse Toleranz. Zudem sind sie in ihrer Meinung zum Antisemitismus bzw. zum Staat Israel rigide festgelegt. Sie identifizieren sich mit der feindseligen Haltung der arabischen Staaten.
Auch mit der Meinungsfreiheit in den westlichen Ländern sind viele Migranten überfordert. Meinungsfreiheit bedeutet

für sie, keine Meinung zu haben. Meinungsfreiheit wird assoziiert mit Unbestimmtheit und Charakterschwäche.
Die Installation von Parallelstrukturen verfestigen die antiquierten patriarchalischen Herrschaftsstrukturen und drohen, der westlichen Kultur gefährlich zu werden.
Das lässt sich anhand von in Deutschland verübten Sexualdelikten, hier vor allem Gruppenvergewaltigungen, deutlich aufzeigen[49]*: Im Oktober 2018 wurden in Freiburg i. Br. und in München, im Frühjahr 2019 in Krefeld, am 5. Juli 2019 in Mühlheim an der Ruhr, am 1. November 2019 in Ulm, am 12. November 2019 sowohl in Biberach als auch in Düsseldorf mehrere Frauen, zum Teil auch minderjährige Mädchen, im Rahmen von Gruppen vergewaltigt. Allein 2017 wurden in der Polizeilichen Kriminalstatistik (PKS) zweihundertachtundfünfzig Gruppenvergewaltigungen verzeichnet. Unter den Angeklagten in Freiburg finden sich neben einem Deutschen acht Syrer, ein Iraker und ein Algerier, in München fünf Afghanen. Im Düsseldorfer Fall stammen die Beschuldigten aus Brasilien, Marokko und Angola. Bei der Tat im Alb-Donau-Kreis kommen die Verdächtigen aus Afghanistan, dem Irak und Iran. Der mutmaßliche Haupttäter der Gruppenvergewaltigung in Mühlheim an der Ruhr gehörte einer bulgarischen Familie an. Im Falle der mutmaßlichen Vergewaltigung von Biberach ist einer der Verdächtigen Deutscher, die beiden anderen sind Syrer. Es wurde auch nach den Ursachen der Gewaltbereitschaft gefragt: „Ausschlaggebend seien die ‚Sozialisation im herkunftsgeprägten sozialen und kulturellen Umfeld, etwa das*

 © Frank & Timme Verlag für wissenschaftliche Literatur

niedrige Bildungsniveau, Gewalterfahrung, Gewaltakzeptanz und Machokultur."[50]

d) **Werden diese Befunde unnötig dramatisiert?**
Frau Professor Tatjana Hörnle, Direktorin am Max-Planck-Institut zur Erforschung von Kriminalität, Sicherheit und Recht in Freiburg i. Br., fordert, dass diese Befunde nicht dramatisiert werden. Die Aussagekraft dieser Zahlen sei umstritten. Im Jahre 2017 seien lediglich etwa 0,15 bis 0,2 Prozent der männlichen Zuwanderer ab sechzehn Jahren wegen sexueller Übergriffe erfasst worden. Das bedeute, dass dies bei 99,85 bis 99,8% nicht zutreffe.[51]
Die Statistik spricht aber eine andere Sprache: Siebentausend Personen sitzen derzeit in Schweizer Gefängnissen. Etwa drei Viertel davon sind Ausländer.[52] *Deshalb bezeichnet der im Libanon geborenen Philosoph Ralph Ghadban die Arabischen Clans als eine „unterschätzte Gefahr"*[53].

e) **Beispiel: Eine kleine Aargauer Gemeinde**[54]
Die betreffende Aargauer Gemeinde hat ca. 3.000 Einwohner und ein Jahresbudget von ca. acht Millionen Schweizerfranken. Etwa ein Drittel des Finanzrahmens muss jährlich für Sozialleistungen aufgebracht werden.
Das Aargauer Dorf ist ein ganz normales Dorf und steht als Beispiel für mehr als 2.000 andere Schweizer Gemeinden.
Der Gemeinde wurde im Hinblick auf die Integration und Betreuung die volle Verantwortung für elf Asylanten über-

tragen. In der Nachbargemeinde befand sich ein Durchgangsheim mit rund vierzig Asylanten, in der Mehrheit Eritreer.
Im Rahmen der Integrationsbemühungen haben sich folgende Konflikte ergeben[55]*:*

- *Status der Asylanten:*
  Die Asylanten sind fast ausschließlich Wirtschaftsflüchtlinge. Nur ein einziger Syrer hat den Krieg miterlebt.
  Die meisten Asylanten suchen nach einem besseren Leben, in dem sie weniger arbeiten müssen und großzügig unterstützt werden. Sie erwarten entsprechend der Vorinformationen aus ihrem Heimatland mehr oder weniger ein „Schlaraffenland".
  Der Gemeinderat hat sich durchweg großzügig gezeigt und zum Beispiel für zwei Familien mit insgesamt zehn Personen ein ganzes Haus gemietet.
  Einzelne Dorfbewohner haben wütend reagiert: Warum erhalten die Asylanten ein ganzes Haus mit Balkon und Garten zur Verfügung gestellt, und wir müssen uns mit einer kleinen Wohnung, die wir selber bezahlen müssen, zufriedengeben?

- *Geschlechtliche Prägung:*
  Die Frauen der Asylanten sind in der Regel voll verschleiert. Sie verweigern das Grüßen mit der Hand und sind der deutschen Sprache nicht mächtig. Meistens sind sie ungebildet oder gar Analphabetinnen. Sie sind nicht

© Frank & Timme Verlag für wissenschaftliche Literatur

bereit oder es wird ihnen von den Männern verboten, obwohl ihnen die Kurskosten und die Bahn- bzw. Busfahrkarten erstattet werden, einen Sprachkurs in Aarau zu besuchen.
Es ist den Frauen nicht erlaubt, allein einzukaufen, mit anderen Dorfbewohnerinnen zu reden oder allein ins Kino zu gehen. Sie stehen in der eigenen Familie auf der niedrigsten Hierarchiestufe.
Wenn es einzelnen Frauen doch gelingt, mit Dorfbewohnern einen freundlichen Kontakt herzustellen, reagieren die Männer mit Entrüstung. Es kam zu Familienfehden mit lauten Auseinandersetzungen und körperlichen Misshandlungen.
Der Damenturnverein pflegt stets auf dem Sportplatz der Gemeinde zu trainieren. Immer wieder kommt es zu Belästigungen durch männliche Asylanten. Entweder machen sie abschätzige Bemerkungen oder mischen sich unaufgefordert in das laufende Turn- bzw. Spielprogramm ein.

- *Arbeitsethos und Arbeitsverständnis:*
  Sowohl die Männer als auch die Frauen sind nicht für eine geregelte Arbeit zu gewinnen. Es scheint, als ob sie gar nicht wüssten, was dies bedeutet. Sie halten sich weder an ein klares Zeitregime noch an einen geregelten Tagesablauf. Entweder kommen sie zu spät zur Arbeit oder erscheinen gar nicht am Arbeitsplatz. Deshalb ist ein Arbeitsversuch im Bauamt, bei dem zwei Asylanten

probehalber eingesetzt wurden, gescheitert. Die beiden kamen nicht zum vereinbarten Arbeitsbeginn, weswegen das beladene Fahrzeug über eine Stunde warten musste. Als Erklärung führten sie entweder Verschlafen oder Rückenschmerzen an und erkundigten sich nach einem Arbeitseinsatz in einem „warmen Büro".
Die Asylanten verfügen in der Regel weder über genügendes handwerkliches Können noch über ein instrumentelles bzw. technisches Verständnis. Man muss ihnen alles erklären oder eine Eins-zu-Eins-Betreuung anbieten. Von zehn Bewerbern um eine Arbeitsstelle sind zwei Drittel schon nach kurzer Zeit wieder gescheitert.

- *Anspruchshaltung:*
  Die Asylanten werden großzügig mit Geld, Fahrkarten, Arbeitsgeräten und Spielsachen für die Kinder ausgestattet. Das scheint aber nicht zu genügen. Nicht selten erheben sie weitere Ansprüche, zum Beispiel auf ein größeres Fernsehgerät, auf ein neues Handy, eine neue Spielkonsole, auf ein Hi-Fi-Musikgerät oder einen teuren Kinderwagen. Einmal kauften sie sich weitere Spielsachen und schickten die Rechnung einfach an die Gemeindeverwaltung.
  Die Erwartungen der Asylanten sind oft kostspielig. Sie lassen sich zum Beispiel ihre beschädigten Zähne reparieren und bei teuren Spezialärzten rundherum behandeln.

© Frank & Timme Verlag für wissenschaftliche Literatur

- *Keine Dankbarkeit:*
  Meistens zeigen die Asylanten keine Dankbarkeit. Die Unterstützung finden sie selbstverständlich und werden wütend, wenn ihre Ansprüche nicht oder nur zum Teil erfüllt werden.

- *Dorfleben:*
  Es ist schwierig, die Flüchtlingsfamilien in die Dorfgemeinschaft bzw. die Dorfaktivitäten zu integrieren. Des Öfteren kommt es von Seiten der Dorfbewohner zu Beschwerden wegen unangenehmer Aufdringlichkeit, Streitereien, Ruhestörungen, lautem Telefonieren oder wegen der Missachtung von Nähe und Distanz. Oft sind diese Verhaltensauffälligkeiten mit Gruppenbildungen und Alkoholexzessen verbunden. In der Folge wagten sich viele Dorfbewohner nicht mehr auf die Straße.

- *Einschulung der Kinder:*
  Die Eltern haben kein Zeitverständnis. Es ist ihnen nicht möglich, die Kinder rechtzeitig zur Schule zu bringen. Mit fadenscheinigen Ausreden versuchen sie sich herauszureden: Die Kinder seien krank oder zum Zahnarzt gegangen.

Anhand dieser Erfahrungen hat sich der Gemeinderat im Jahre 2019 geweigert, weitere Flüchtlinge aufzunehmen. Einer der Gemeinderäte meinte dazu lapidar, dass er zwar in der Schweiz lebe, dass er sich aber in seinem Dorf nicht mehr in der Schweiz fühle.

7 Wie kann den Parallelgesellschaften erfolgreich begegnet werden?

Wir müssen für unsere Werte kämpfen

Wenn wir nicht bereit sind, um das, was uns wichtig ist, nämlich unsere soziallliberale Gesellschaftsordnung, zu kämpfen, dann werden wir sie verlieren. Dieser Kampf gilt sowohl den fundamentalistischen „Hinterzimmer-Aktivitäten“ in einigen Moscheen, den mafiosen Machenschaften nahöstlicher Familienclans als auch den verbrecherischen Strukturen der italienischen Mafia. Kann man diesen Kriminellen keinen wirksamen Widerstand entgegensetzen , wie das z. B. bezüglich der türkischen Familienclans in Deutschland immer wieder behauptet wird?

Wie kann man gegen die arabischen Parallelgesellschaften vorgehen?

Oft zeigen die Gerichte nicht die Härte, die die Täter wirksam abschrecken würde. Für das außergewöhnliche und brutale Verhalten der arabischen Clans sind die deutschen Gesetze nicht angemessen ausgestattet. Sie wirken schwach und führen dazu, dass sie nicht ernst genommen werden. Die Täter lachen über das deutsche Rechtsgebaren.

In Köln wurden während der Silvesternacht 2015 auf 661 Frauen sexuelle Übergriffe verübt. Es kam zu 1.300 Anzeigen. Die meisten verliefen im Sand. Bis 2020 kam es zu drei Verurteilungen, zwei davon wurden auf Bewährung ausgesprochen. Die Fassungslosigkeit über die Schlupflöcher im deutschen Rechtswesen und die Enttäuschung über das spezielle Behördenversagen waren gewaltig und wurden weltweit angeprangert.

Einigen Menschen macht diese Situation Angst. In Freiburg i. Br. kam es auf dem Kirchplatz zu einem sexuellen Übergriff, im gesamten Stadtgebiet zu 216. In anderen europäischen Ländern ist es nicht anders.

Die Beweislast wird umgekehrt

Im Sommer 2018 wurden mehrere Immobilien der Berliner Großfamilie Remmo konfisziert. Die Häuser und Wohnungen sollen aus Geld aus Straftaten erworben worden sein.

> „Doch vergangenen Sommer schien es für die kriminellen Grossfamilien erstmals ungemütlich zu werden. Die Berliner Staatsanwaltschaft setzte alle Hebel in Bewegung, um der Familie Remmo ihre Immobilien wegzunehmen, und die Polizei durchsuchte ihre Autos und Wohnungen.“[56]

 © Frank & Timme Verlag für wissenschaftliche Literatur

> „Im Januar (2019) fand in Nordrhein-Westfalen eine Großrazzia in einschlägigen Bars und Lokalen statt, Innenminister Herbert Reul (CDU) begleitete die mehr als tausend Beamten in den Einsatz.“[57]

Früher habe die Herkunft der Gelder von der Staatsanwaltschaft bewiesen werden müssen. Das habe die Enteignung von Immobilien fast unmöglich gemacht. Jetzt sei die Beweislast umgekehrt worden. Die Käufer müssen nun die Herkunft ihrer Gelder belegen. Bei einer der Immobilien handelt es sich um eine denkmalgeschützte Villa in Neukölln im Wert von rund neun Millionen Euro. Der 26-jährige Eigentümer, der wegen mehreren Straftaten bereits in Haft sitzt, habe sofort Beschwerde eingelegt, sodass der Beschluss noch nicht rechtskräftig ist. Die umgekehrte Beweislast ermögliche es aber den Behörden, von den 77 Immobilien bereits zwei definitiv einzuziehen.

Ahmad Mansour, ein deutsch-israelischer Psychologe, fordert für die Migranten Integrationskurse, in denen die Konfliktthemen wie zum Beispiel die sexuelle Selbstbestimmung offen diskutiert werden. Zudem schlägt er im Hinblick auf die Aufenthaltserlaubnis ein Belohnungs- bzw. Sanktionssystem vor, das vorsieht, gut integrierten Migranten die Staatsbürgerschaft zu gewähren, während nicht integrierbare Migranten im Extremfall abgeschoben werden.

Auch in Dänemark haben die Behörden die entscheidende Kehrtwende bereits vollzogen[58]: Ankommenden Flüchtlingen dürfe angeblich der Schmuck abgenommen werden. Zudem sei ein allgemeines Burkaverbot verabschiedet worden. Kinder in Flüchtlingsghettos müssten Nachhilfestunden besuchen, in denen dänische Werte vermittelt werden. Weiter sei es der Plan der Regierung, ab 2021 verurteilte Asylbewerber auf der unbewohnten Insel „Lindholm" einzuquartieren. Sie würden den Wohlfahrtstaat bedrohen und seien „in Dänemark nicht mehr erwünscht".

Welches ist das beste Vorgehen für die Integration von außereuropäischen Migranten?

Die Schweizer Familie A. wollte etwas Gutes tun und nahm zwei afrikanische Jungen in ihre Familie auf, einen aus Mali und einen aus dem Sudan[59]. Die Jungen erwiesen sich als anständig und lernmotiviert. Maxim, der Sudanese, schloss seine Lehre als Verkäufer mit der Note 5,4 ab und wurde anschließend vom Lehrbetrieb als Bereichsleiter eingestellt. Der Abessinier machte eine Lehre zum Elektriker.

Herr A. meinte anhand seiner Erfahrungen, dass sich nur so eine erfolgreiche Integration durchführen ließe. Die könne in einem anonymen Heim nicht gelingen. Es brauche den direkten Familienanschluss. Die Integration ins Beziehungsnetz einer Familie ermögliche die erfolgreiche Integration in das Beziehungsnetz der ganzen Gesellschaft.

Auf die Frage, ob die beiden Jungen anschließend wieder in ihre Heimatländer zurückkehren und dort zum Beispiel ein Geschäft aufbauen wollten, antwortete Herr A. mit „Nein", „Niemals". Sie würden dort nichts Gutes vorfinden, da sei nichts, und ein erfolgreiches Geschäft würde von der Regierung sofort „verstaatlicht" werden.

 © Frank & Timme Verlag für wissenschaftliche Literatur

Die Behörden nehmen ihnen die Kinder weg – und nicht nur die Kinder …

Die Clan-Problematik wurde lange Zeit verharmlost. Die Ausländerkriminalität, von der Deutschland seit gut dreißig Jahren betroffen ist, wurde im Zuge der seinerzeit verfolgten Einwanderungspolitik lange übersehen. Jetzt soll das Problem an der Wurzel gepackt werden: „Das war für den Rechtsstaat ein Bumerang, der jetzt im Bundestag angekommen ist.“[60]

Die neue Form von Kriminalität, die Clan-Kriminalität der Einwanderer der vierten Generation, hat sich so festgesetzt, dass ihr mit herkömmlichen Mitteln nicht mehr beizukommen ist. Rund dreißig Mitglieder des Ali Khan-Clans waren innerhalb von zwei Jahren in mehr als zweihundert Ermittlungsverfahren involviert: vom Fahren ohne Helm bis hin zu Mord und Drogenhandel, Schutzgelderpressung und Sozialbetrug.

Polizei und Justiz nehmen die Clans in Deutschland zunehmend ins Visier. Und auch in Schweden wird es für die Ali Khans und einige andere, allerdings weit weniger bedeutende Familien, immer ungemütlicher[61]. Die Polizei nimmt ihnen die Waffen weg und stellt die Drogen sicher. Die Finanzämter interessieren sich für ihre Konten und forschen nach, warum sich Sozialhilfeempfänger so teure Autos leisten können. Die schwedische Strategie gleicht immer mehr dem Vorgehen der Bundesrepublik. Allerdings haben die schwedischen Behörden weitreichendere Möglichkeiten als ihre Kollegen in Deutschland, oder reizen sie zumindest weiter aus. Denn sie haben damit begonnen, den Ali Khans ihre Kinder wegzunehmen. Eine Journalistin berichtet, dass drei minderjährige Kinder eines Zweigs der Familie in der Obhut des Jugendamtes gekommen seien. Ihre Mutter sei drogenabhängig und ihr Vater mehrfach kriminell aufgefallen. Für Kinder und Jugendliche aus den Clans werden spezielle Aussteiger-Programme entwickelt: Ein Polizist bestätigt einige Fälle und merkt an, dass die Sorge vor einer Kindswohlgefährdung in Schweden sehr ernst genommen werde. Die betroffenen Eltern müssten nun eindeutig beweisen, dass sie keine Drogen konsumieren, bevor sie ihre Kinder zurückbekommen.

Diese Strategie hat einen wichtigen Nebeneffekt, der gar nicht beabsichtig war: Sie bringt Unruhe in die Clans. Der eigene Ruf und der Ruf der Familie ist für die Clan-Mitglieder existenziell. Und nun heißt es: Wer auf seine eigenen Kinder nicht aufpassen kann, vor dem muss man auch keine Angst haben.

Europaweit werden Lösungen gesucht, wie den Machenschaften der verschiedenen Clans Einhalt geboten werden kann.

Wie könnten muslimische Kinder in das westliche Schulsystem integriert werden?

Eine Untersuchung über die Einstellung islamischer Religionslehrer an öffentlichen Schulen in Österreich hat ergeben[62], dass 20% der islamischen Lehrerschaft die Demokratie als Staatsform und 15% die österreichische Verfassung als Ganzes ablehnen. Sie seien nicht mit dem Islam vereinbar. 29% der Lehrer meinten, dass eine Integration ohne Verlust der islamischen Identität nicht möglich sei. Zudem hätten 18% der Lehrer die Todesstrafe bei

 © Frank & Timme Verlag für wissenschaftliche Literatur

einem Abfall vom islamischen Glauben gutgeheißen. Die Integration der muslimischen Kinder in die westliche Gesellschaft ist auch deshalb so schwierig, weil in den Schulen mit hohem Migrationsanteil ein besonderes Credo vorherrscht: In diesen Schulen gebe es eine ausgesprochene Juden- und Deutschenfeindlichkeit, und Mädchen würden schon in der Grundschule gezwungen, ein Kopftuch zu tragen.

Die Islam-Expertin Susanne Schröter führt das „religiöse Mobbing" auf den Überlegenheitsdünkel vieler türkisch- und arabischstämmiger Migranten zurück[63]. Sie folgert daraus, dass es für die Gesellschaft und die Demokratie gefährlich sei, den Islamisten aus Angst, der Islamfeindlichkeit bezichtigt zu werden, nichts entgegenzusetzen. Um die Integration der Kinder in die westliche Gesellschaft zu fördern, müssten die Kinder möglichst früh in die Kindertagesstätten eingegliedert werden. Es ist eine allgemeine Kita-Pflicht anzustreben. Dabei versteht sich die Kita als allgemeine Bildungsinstitution. Die Kinder müssen lernen, dass Konflikte nicht mit Fäusten oder Waffen ausgetragen werden, sondern in Diskussionen und Debatten mit entsprechend überzeugenden Argumenten. Eine Beleidigung mit dem Codewort „Hurensohn" darf nicht zu einer Fundamentaldebatte mit Todesfolgen werden. Die Kinder müssen verstehen, dass es für ihre Zukunft besser und schließlich auch lukrativer ist, sich Wissen anzueignen und einen Beruf zu erlernen, als eine kriminelle Karriere anzustreben.

Die Kita-Pflicht ist aber nur selten durchzusetzen, weil die muslimischen Eltern ihre Kinder nicht in die Kindertagesstätten geben wollen.

Der türkischstämmige Erziehungswissenschaftler Professor Ahmet Toprak gibt den muslimischen Eltern die Schuld, dass die Integration der Kinder so schwierig ist[64]. Die muslimischen Eltern würden ihre Töchter ganz anders erziehen als ihre Söhne: „Wenn sich die Jungen danebenbenehmen, hat dies oft keine Folgen. Dahinter stecke die Vorstellung, dass ein Mann Aggressivität verströmen soll, um seine Familie zu schützen. Wenn sich Lehrer beschweren, werden die Buben meistens in Schutz genommen und nicht mit ihrem Fehlverhalten konfrontiert. Anders sieht es bei den Mädchen aus: Sie werden zu Disziplin angeleitet, sollen ordentlich und zuverlässig sein."[65]

Vor allem müssten die westlichen Werte gegenüber den Kindern offensiv vertreten und die Vorteile einer liberalen Gesellschaft, die den Kindern bessere Entwicklungsmöglichkeiten bieten, hervorgehoben werden. Dem arabisch-muslimische Wertekanon von Familienehre, patriarchalischen Gesellschaftsstrukturen, Blutrache, Ablehnung der Koedukation usw. müssten die westlichen Werte, wie sie im Grundgesetz formuliert sind, entgegengestellt werden. Ahmed Toprak weiß, wovon er spricht: Er stammt aus einem kleinen anatolischen Dorf und kam als Zehnjähriger nach Deutschland. Seine Mutter war bis zu ihrem Tod Analphabetin. Zudem wuchs er in einem Problemviertel in Dortmund auf, in dessen Schulen Gewalt und Drogen zum Alltag gehörten.

> „Toprak beschreibt schlecht integrierte Buben aus muslimischen Familien als verhätschelte Kinder, die aggressiv auftreten und sich wenig um Regeln und Gesetze scheren.

 © Frank & Timme Verlag für wissenschaftliche Literatur

Den Grund dafür sieht er in den enormen Erwartungen an die Söhne: Sie sollen heiraten, eine Familie finanzieren, sie vor aller Unbill schützen und später die Alterssicherung der Eltern übernehmen."[66]
Das machohafte Gehabe sei nur Fassade, um die eigenen Überforderungen zu verbergen. Die Lehrer dürften sich von diesem Machogehabe nicht einschüchtern lassen, sondern sollten sachlich und ruhig widersprechen. „Dann treten sie schon ganz anders auf."[67]
Toprak ist sich sicher: „Der Staat und die Bildungseinrichtungen müssen die Erziehungsdefizite ausgleichen", wie es im Artikel der NZZ heißt.[68]

Das bedeutet weiter, dass den muslimischen Kindern ein muslimischer Religionsunterricht von in Deutschland ausgebildeten Imamen erteilt werden muss. In der Regel haben die muslimischen Kinder lediglich ein Halbwissen über den Islam und kennen Falschinterpretationen.

Als Resultat aller dieser Überlegungen bleibt trotzdem eine generelle Unsicherheit bzw. Hilflosigkeit bestehen. Wie sollen die vielfältigen Maßnahmen für eine so weit verzweigte und immer stärker werdende afrikanische, arabische bzw. asiatische Diaspora angemessen koordiniert und durchgesetzt werden? Vielleicht mit Hilfe eines Mentoren-Systems?

Diskussion:

a) **Lösungsvorschlag: Das Mentoren-System**
Das professionell aufgebautes Mentoren-System könnte möglicherweise eine erfolgversprechende Antwort auf die Integrationsprobleme und speziell auf die Machenschaften des organisierten Verbrechens sein. Es könnte zum Beispiel wie folgt ausgestaltet werden[69]*:*

- *Jeder arabische bzw. muslimischen Großfamilie wird ein Mentor zugeteilt, der zu den Anführern und wichtigsten Meinungsmachern der Clans einen persönlichen Kontakt herstellt. Dabei stellt das gegenseitige Vertrauen die wichtigste Basis für das Gelingen des Projektes dar.*
- *Den Clanchefs muss deutlich gemacht werden, dass die enge Zusammenarbeit mit den Mentoren obligatorisch ist und auch viele Vorteile bringt.*
- *Im Rahmen des Mentorings werden die Clanfamilien im Hinblick auf das Spracherlernen, die Einschulung der Kinder, die Kommunikation mit den Ämtern kompetent beraten und sie werden vor Gericht unterstützt.*
- *Die Mentoren werden über alle Vorgänge durch die Clan-Mitglieder informiert und erstatten gegenüber der Stadtregierung regelmäßig Bericht.*
- *Den Clans werden die Vorteile einer intensiven Zusammenarbeit deutlich vor Augen geführt. Ihnen werden im Verweigerungsfall schwere Konsequenzen angedroht.*

 © Frank & Timme Verlag für wissenschaftliche Literatur

- *Aufgrund der Berichte der Mentoren werden adäquate Maßnahmen ergriffen, die das System im Sinne einer besseren Integration regulieren. Zu diesen Maßnahmen gehören zum Beispiel eine konstruktive Beratung bzw. Rechtsberatung, Informationsveranstaltungen, Diskussionsrunden über Normen und Einstellungen, wissenschaftliche Analysen, Erforschung des mentalen Verhaltens, gesetzliche Maßnahmen, Überprüfung des Asylantenstatus, massiver Polizeieinsatz, gerichtliche Anklagen usw.*

Die Vorteile eines solchen Systems sind

- *die frühe Informiertheit über die inneren Zustände der Clans,*
- *die Einflussmöglichkeiten auf die Clans,*
- *die Vermittlung der eigenen Werte und schließlich,*
- *im Falle der Übertretung der Gesetze polizeiliche und gerichtliche Interventionsmöglichkeiten.*

Der Leitspruch heißt dann: Die Stadt und die staatlichen Institutionen sind die Herren im Staat. Bei ihnen liegen die Befehlsgewalt und die Sanktionsmöglichkeiten. Den kriminellen Machenschaften wird konsequent Widerstand entgegengesetzt. Es darf nicht vorkommen, dass die Clans erfolgreich und ohne gravierende Konsequenzen eine gesellschaftliche Parallelgesellschaft mit eigenen Wertmustern oder gar eine kriminelle Gegenwelt mit eigenen Gesetzen aufbauen. Es muss unabdingbar heißen: Das Grundgesetz und die staatlichen Regeln bzw. Gesetze stehen über den arabischen Rechtsvorstellungen.

b) **Hat die westlich-atlantische Hemisphäre den afrikanischen Kontinent tatsächlich zerstört?**
Die Zeiten des Kolonialismus sind vorüber. Dem Westen werden damit verbundene Schulden angelastet. Und tatsächlich. Die Europäer haben Schuldgefühle und den westlichen Staaten werden unablässig Schuldgefühle gemacht. Man habe zum Beispiel den afrikanischen Kontinent gezielt ausgebeutet, heißt es – oder gar zerstört.
Die ehemalige freie Mitarbeiterin des Bayerischen Rundfunks, Frau S. denkt, dass die Staaten Westeuropas und Nordamerikas Afrika ausgebeutet und kaputt gemacht haben. Deshalb sei es verständlich, dass viele Afrikaner nach Westeuropa kommen, wo sie ein besseres Leben zu finden hoffen.[70]
Ist dieses Argument wirklich stichhaltig? Ist es nicht eher umgekehrt? Ist es nicht so, dass fast alles, was die Afrikaner heute haben, die Technik, das Gesundheitswesen, die Sicherheitsarchitektur, die Hygiene, das Schulwesen, die Wissenschaften und die Universitäten, die Rechtsvorstellungen und die Gesetze – konkret auch die Fernseher, Kühlschränke, Handys, Banken, Autos, Bahnen, Krankenhäuser, Medikamente usw. – fast ausschließlich im Westen entwickelt bzw. hergestellt worden sind?

 © Frank & Timme Verlag für wissenschaftliche Literatur

Die Afrikaner haben ihre Identität verloren. Was aber war Ihre Identität? War es eine Identität der Armut, der Krankheiten, des Ausgeliefertseins, der Schicksalsgläubigkeit, der Unterwerfung, der Grausamkeit, des Okkultismus, der Zauberei und der Hexen- und Götterrituale? Ist es nicht so, dass Frauen in einigen Ländern des afrikanischen Kontinents noch heute ausgebeutet, beschnitten und schon als Kinder verheiratet werden? Kann man angesichts dieser Umstände tatsächlich sagen, dass der afrikanische Kontinent von der westlichen Welt ausschließlich ausgebeutet und zerstört wurde?

c) Die Seenotrettung – Menschenrecht oder skrupelloses Geschäft mit dem Tod

Vorweg sei deutlich gesagt: Es ist furchtbar, wenn Menschen im Meer ertrinken oder in Flüchtlingslagern – sei es in Libyen, in der Türkei, in Griechenland oder anderswo – in menschunwürdigen Verhältnissen leben müssen. Es ist ebenso erschütternd, was die Kriegsflüchtlinge in ihren Heimatländern an Grausamkeit und Unmenschlichkeit ertragen mussten, was sie als Flüchtlinge auf der Flucht durch die Sahara oder in den Auffanglagern erfahren haben. Es ist zu wünschen, dass sie in ihrem entsetzlichen Dasein auch Zeugnisse menschlicher Güte und Fürsorglichkeit erleben dürfen.

Wie kommen sowohl die Kriegsflüchtlinge aus Syrien bzw. Afghanistan als auch die illegalen Wirtschaftsimmigranten aus vielen Ländern Afrikas nach Europa? Es gibt zahlreiche

Fluchtrouten, die auf verschlungenen und teilweise äußerst gefährlichen Wegen nach Europa führen. Mehrere dieser Wege führen über das Mittelmeer. Diese Fluchtwege haben immer wieder Todesopfer zur Folge. Um diese Dramen zu verhindern, wurden mehrere privat und staatlich organisierte Seenotrettungsdienste eingerichtet. Welche Bedeutung haben diese Rettungssysteme für die Flüchtlinge und welche Rolle spielen sie für die europäischen Staaten?

 © Frank & Timme Verlag für wissenschaftliche Literatur

8 Die moralisch-ethische Rechtfertigung geschlossener Außengrenzen

Über die Migrationsproblematik in Europa offen zu reden, ist schwierig. Es herrscht europaweit ein großes Schweigen. Noch schwieriger ist es, eine kritische Haltung einzunehmen oder die Schließung der Grenzen zu befürworten.

Tendenziell werden immer mehr Menschen nach Europa kommen, die kulturell, intellektuell und religiös ganz anders geprägt sind als die Europäer. Werden sie den Anforderungen einer modernen Industriegesellschaft tatsächlich gerecht werden? Oder werden sie unser Bildungswesen, die Sozialsysteme, die Arbeitsämter und unser Sicherheitsdispositiv immer mehr bedrohen?

Eine Frage der Moral bzw. der Ethik

Die Migration wirft viele Fragen auf: Hat nicht jeder Mensch ein genuines Recht darauf, im Land seiner Wahl zu leben? Darf man ertrinkende Menschen ihrem Schicksal überlassen und die Rettung durch nichtstaatliche Rettungsschiffe verhindern?

> Die Vertreter der großen Kirchen Deutschlands haben mit den nichtstaatlichen Seenotrettern ihre Solidarität bekundet. Der Vorsitzende der katholischen Deutschen Bischofskonferenz, Kardinal Reinhard Marx, findet es einen Skandal, dass Menschen an der Grenze zu Europa zu Tode kommen. Und der Ratsvorsitzende der evangelischen Kirche, Bischof Heinrich Bedford-Strohm, stellte fest: Menschen, die sich dem christlichen Glauben verpflichteten, kann es nie kalt lassen, wenn Geflüchtete ums Leben kommen. „Jeder Mensch ist geschaffen zum Bilde Gottes, deshalb hat die Not keine Nationalität."[71] Weiter heißt es im Beitrag von Anna Lutz: Für Kirche und Diakonie sei „das Thema der Seenotrettung von zentraler Bedeutung. Daraus ergebe sich eine christliche Pflicht zur Unterstützung und zur Hilfe."[72]

Die Frage nach der Berechtigung der Seenotrettung vor der libyschen Küste kann aber nur beantwortet werden, wenn man dabei auch weitere Fragen berücksichtigt: Vergrößert die organisierte Seenotrettung nicht auch die Motivation zur lebensgefährlichen Flucht? Dürfen die nichtstaatlichen Rettungsschiffe mit den arabischen Schleppern unausgesprochen kooperieren? Ist eine strikte Abschottungspolitik moralisch noch zu rechtfertigen?

Die Seenotrettung auf dem zentralen Mittelmeer zwischen Libyen und Italien ist äußerst umstritten. Allein im Jahre 2016 kamen auf dem Mittelmeer etwa 8.000 Menschen, vor allem alleinstehende junge Männer und ganze Familien mit Frauen und Kindern, ums Leben. Dabei sagt das „Übereinkommen zur einheitlichen Feststellung von Regeln über den Zusammenstoß von Schiffen“ klar und deutlich: „Jeder Kapitän ist verpflichtet, allen Personen, selbst feindlichen, die auf See in Lebensgefahr angetroffen werden, Beistand zu leisten, soweit er dazu ohne ernste Gefahr für sein Schiff und für dessen Besatzung und Reisende imstande ist.“[73]

Die Ökonomen Claudio Deiana, Vikram Maheshri und Giovanni Mastrobuoni haben sich der Frage, ob die Seenotrettung auch den Schleppern nützen würde, angenommen[74].

> „Dabei kommen die Autoren zum Schluss, dass die Seenotrettung insgesamt kaum einen Sicherheitsgewinn bringe, da sie Überfahrten verbillige und so die Nachfrage erhöhe. Zudem schöpften die Schlepper einen Teil des Nutzens ab, den die Rettung stifte: Sie setzen die Migranten statt in seetüchtige teure Holzboote in billige chinesische Schlauchboote mit schwachen Außenbordmotoren.“[75]

> „Mastrobuoni räumt im Gespräch ein, dass die Resultate schwierige ethische Fragen aufwürfen: Wenn die Seenotrettung falsche Anreize setzt, bedeutet dann ihre Abschaffung, dass man kurzfristig eine grössere Zahl von Opfern billigend in Kauf nimmt, weil längerfristig weniger Menschen ertrinken? Und umgekehrt: Riskiert ein Befürworter der Seenotrettung, dass kurzfristig zwar mehr Menschen gerettet werden, langfristig aber umso mehr ihr Leben verlieren, weil die Zahl der Migranten steigt?“[76]

Man kann aber auch in Anlehnung an die ungarisch-schweizerische Schriftstellerin Melinda Nadj Abonji fragen: Wem gehört eigentlich das Land? Hat irgendein Volk ein Recht auf ein bestimmtes Land? Wir sind doch alles Menschen. Warum haben irgendwelche Menschen mehr Recht, in einem bestimmten Land zu wohnen?

Frau Abonji mag mit ihren Fragen Recht haben. Man kann wie sie argumentieren, dass alle Menschen das gleiche Recht haben, in irgendeinem Land zu wohnen. Ist das aber realistisch? Natürlich nicht. Man kann auch anders argumentieren: Die Menschen haben vor Jahrtausenden ein bestimmtes Land besiedelt und schwer gearbeitet. Sie haben den Wald gerodet, den Acker bestellt und Häuser gebaut. Damit ist das Land ihr eigenes Land geworden.

Letztlich ist aber jede Entscheidung, ob jemand in einem Land Wohnsitz nehmen darf, das Ergebnis einer gesellschaftlichen Vereinbarung und eine Frage der Moral bzw. der Ethik. Das ergibt sich aus der Gruppendynamik. Alle Menschen bzw. Gruppen geben sich im Rahmen ihres Zusammenlebens Normen und Regeln, setzten gemeinsam Verträge auf, vereinbaren Gesetze und geben sich Verfassungen, nicht zuletzt auch die Menschenrechte und das Völkerrecht.

Ein krimineller Akt

Illegale Einwanderung ist, die sei ausdrücklich festhalten, ungesetzlich. Sie ist illegal und bewusst kriminell. Jeder Migrant, der sich unter Zuhilfenahme von verbrecherischen Schlepperorganisationen und unter Umgehung der legalen Einwanderungsmög-

 © Frank & Timme Verlag für wissenschaftliche Literatur

lichkeiten möglichst unbemerkt in andere Länder führen lässt, begeht ganz bewusst einen kriminellen Akt.

Ein unlösbares Dilemma

Damit geraten alle Menschen, die die illegale Migration tolerieren, erleichtern, unterstützen oder gar aktive Mithilfe leisten, in Verdacht, ebenso illegal zu handeln. Sie machen sich zu Helfern bzw. Helfershelfern eines kriminellen Aktes und stellen sich damit gegen die geltenden Gesetze.

Niemand aber möchte ein schlechter Mensch sein und die Hilfestellung für verzweifelte und meist mittellose Flüchtlinge bzw. Einwanderer verweigern. Deshalb ergibt sich aus dem Wunsch, hilfsbedürftigen Menschen zu helfen und dem Verbot, eben dieses zu tun, ein unlösbares Dilemma.

Es werden trotzdem viele Menschen kommen

Tendenziell werden aber immer mehr Menschen aus Asien und Afrika nach Europa kommen, die kulturell, intellektuell und religiös ganz anders geprägt sind als die Europäer.

Man kann den Trend über viele Jahrzehnte verfolgen und erkennt die Absichten einer Flucht bereits an ersten Anzeichen: Wenn die Bevölkerung in Afrika weiter wächst, wenn Menschen immer mehr verarmen und an Hunger leiden, wenn die Temperaturen immer weiter steigen, wenn sich die Stimmung im Land immer weiter verschlechtert, wenn die Preise für Ziegen, die plötzlich herdenweise verkauft werden, auffallend schnell sinken, wenn die Wasserkanister, die für die Flucht gebraucht werden, plötzlich teurer werden, wenn sich auffallend viele Menschen an Knotenpunkten sammeln und wenn online überraschend nach Bootsüberfahrten gesucht wird, dann sind das die ersten Anzeichen, dass sich weitere Flüchtlinge auf den Weg nach Europa machen.

Werden die Flüchtlinge den Anforderungen einer modernen Industriegesellschaft gerecht werden? Oder werden sie unser Bildungswesen, unsere Sozialwerke, unsere Arbeitsämter und unser Sicherheitsdispositiv mehr und mehr überfordern?

Man wird möglicherweise nach dem „starken Mann“ rufen, der sich entschlossen gegen jegliche Einwanderung stemmen wird. Und es werden besonders die Rechtsparteien oder autoritäre Regimes sein, die tatsächlich die Grenzen schließen werden.

Ist das richtig? Wird Europa tatsächlich mit gutem Gewissen der illegalen Zuwanderung ein schnelles Ende setzen können?

Ein erstaunliches Argumentationsdefizit

Der Versuch, die illegale Migration ohne Rücksicht auf nationale Interessen ausschließlich moralisch zu rechtfertigen, ist gescheitert. Es gibt aber auch keine Möglichkeit, das Gegenteil zu rechtfertigen, nämlich, die illegale Migration zu stoppen. Dabei geht es, um es mit anderen Worten auszudrücken, weniger um konkretistische Problemlösungen, sondern in erster Linie um eine geistig-moralische Haltung.

 © Frank & Timme Verlag für wissenschaftliche Literatur

Kann ein aufgeklärter demokratischer Staat der Tendenz, die illegale Migration zu erlauben, eine überzeugende Haltung entgegensetzen? Oder gehören menschliche Härte und die Missachtung der Menschenrechte bereits zur allgemeinen Staatsraison? Wohl kaum!

Tatsächlich steht uns bis heute keine überzeugende Philosophie zur Verfügung, die uns erlauben würde, ohne Schuldgefühle die Migration, sei sie illegal oder legal, wirkungsvoll zu stoppen. Es fehlen uns sowohl eine akzeptable Ethik als auch entsprechenden geistige Werkzeuge, die uns helfen könnten, der wachsenden Bedrohung wirklich Herr zu werden.

Aus diesen und anderen Gründen gilt vielerorts die Demokratie als schwach, handlungsunfähig und nicht mehr zeitgemäß. Sie zeigt sich nicht mehr in der Lage, der illegalen Migration ein überzeugendes Argument entgegenzusetzen.

Es gibt zwar viele Argumente, die das Recht auf eine unbegrenzte Migration bzw. Integration bejahen. Im Gegensatz dazu fehlt uns aber eine moralische Rechtfertigung für eine konsequente Verweigerung.

Die europäischen Staaten sind deshalb in moralische Skrupel verwickelt und wirken politisch gelähmt. Sind es möglicherweise moralische Standards oder sind es entsprechende moralisch-ethische Werte, die Europa fehlen? Mangelt es an innerer Standfestigkeit, an festem Charakter oder an rücksichtslosem Durchsetzungsvermögen? Oder hat man sich bis jetzt nicht ernsthaft und grundsätzlich um die moralisch-ethische Rechtfertigung eines konsequenten Grenzregimes bemüht?

Europa zeigt sich bis heute nicht in der Lage, dem Bedürfnis nach wirkungsvollen Gegenmaßnahmen eine philosophisch wohlbegründete und ethisch überzeugende Argumentationsbasis zur Verfügung zu stellen.

Eine überzeugende Antwort muss eine ethische Antwort sein

Wo soll eine überzeugende Antwort herkommen? Das aufgeworfene Problem ist ein moralisch-ethisches Problem. Eine überzeugende Antwort muss also eine moralisch-ethische Antwort sein. Was bedeutet aber Ethik? Wikipedia definiert Ethik als jenen „Teilbereich der Philosophie, der sich mit den Voraussetzungen und der Bewertung menschlichen Handelns befasst und ist das methodische Nachdenken über die Moral. Im Zentrum der Ethik steht das spezifisch moralische Handeln, insbesondere hinsichtlich seiner Begründbarkeit und Reflexion (Ethik beschreibt und beurteilt Moral kritisch)."[77]

Der Kategorische Imperativ

Als wichtigsten Bezugspunkt des ethischen Handelns formulierte Immanuel Kant den „Kategorischen Imperativ". Der „Kategorische Imperativ" ist das grundlegende Prinzip ethischen Handelns. Als Kriterium, ob eine Handlung moralisch gut sei, wird hinter-

 © Frank & Timme Verlag für wissenschaftliche Literatur

fragt, ob sie einer Maxime folgt, deren Gültigkeit für alle Menschen jederzeit und ohne Ausnahme akzeptabel ist.

Die Bereiche der Ethik

Wikipedia unterscheidet zwischen einer „Metaethik", einer „Normativen Ethik" und einer „Angewandten Ethik". Zudem kann eine „deskriptive Ethik" definiert werden:

- „Metaethik stellt die Grundlage der anderen Disziplinen dar und beschäftigt sich mit ihren allgemeingültigen Kriterien und Methoden. Sie reflektiert die allgemeinen logischen, semantischen und pragmatischen Strukturen moralischen und ethischen Sprechens."[78]
- Die „Normative Ethik erarbeitet und untersucht allgemeingültige Normen und Werte sowie deren Begründung. Sie ist der Kern der allgemeinen Ethik."[79]
- Die „Angewandte Ethik baut auf der normativen Ethik auf. Sie äußert sich als Individual- und Sozialethik sowie in den Bereichsethiken zu spezifischen Lebensbereichen, beispielsweise Medizinethik oder Wirtschaftsethik. Ethikkommissionen, -räte und -institute erarbeiten Normen oder Handlungsempfehlungen für bestimmte Bereiche."[80]
- „Häufig nicht zum klassischen Kanon der Ethik gerechnet wird die ‚deskriptive Ethik', die keine moralischen Urteile fällt, sondern die tatsächliche, innerhalb einer

Gesellschaft gelebte Moral mit empirischen Mitteln beschreibt.“[81]

Der Standpunkt der Individualethik

Selbstverständlich verlangt die Individualethik, dass jeder in Seenot geratene Mensch mit allen Mitteln vor dem Ertrinken gerettet wird. Diese Forderung stützt sich auf den Kanon der Menschenrechte. Ein entscheidender Aspekt der Individualethik ist das Kindswohl und das Schicksal der künftigen Generationen. Es sollen unabhängig von den politischen und geografischen Begebenheiten den Kindern auf der ganzen Welt bessere Entwicklungs- bzw. Bildungsmöglichkeiten zur Verfügung gestellt und eine bessere Zukunft garantiert werden.

Können diese Ziele von den europäischen Staaten tatsächlich garantiert werden? Oder führen diese Standards unabdingbar zu einer generellen Überforderung?

Immanuel Kant spricht von einem „Weltbürgerrecht“, was die Beziehung eines Staates zu Bürgern fremder Staaten regeln soll[82]: Das bedeute aber nicht ein Recht auf Einwanderung, da Kant ausdrücklich sage, das Besuchsrecht sei kein Gastrecht. Sich gegen den Willen der einheimischen Bevölkerung in einem Land niederzulassen, lehnt Kant folglich ab.

Aus dieser Feststellung heraus muss der individual-ethische Standpunkt grundsätzlich relativiert und entscheidend in Frage gestellt werden:

Vom ethischen Standpunkt aus muss man, wie oben ausgeführt, zwischen einer Individualethik und einer Sozial- bzw. Gesellschaftsethik unterscheiden. Was für den einzelnen Menschen gut ist, muss für die Gesellschaft als Ganzes noch lange nicht gut sein.

Damit begibt man sich auf ein sozialpolitisches Minenfeld, weil das offene Gespräch über das Migrationsproblem noch weitgehend tabuisiert ist. Der bekannte deutsche Journalist und Buchautor Robin Alexander meint dazu[83]: „Wir machen heute die Flüchtlingspolitik, für die Viktor Orban immer stand. Wir reden aber so, als hätten wir immer noch die offenen Grenzen aus dem Herbst 2015."

Viele Menschen wollen nicht über diese Fragen reden. Sie haben „die Nase voll". Sie sagen, dass die Hauptsache sei, dass es ihren Kindern gut gehe. Alles andere interessiere nicht. Und die meisten Politiker hüten sich davor, zu diesen Fragen offen Stellung zu beziehen. Es gibt die Befürchtung, als Rassist bezeichnet zu werden.

Der Standpunkt der Sozial- bzw. Gesellschaftsethik

Trotz der genannten Schwierigkeiten wird hier versucht, für das Dilemma eine akzeptable Lösung zu finden. In der Sozialethik wird in erster Linie vom individuellen Verhalten in einer Gesellschaft ausgegangen. Die Sozialethik untersucht die Stellung des Individuums in der Gesellschaft und fragt nach Wertvorstellungen wie Solidarität, Subsidiarität und Kooperation der verantwortlichen Personen.

Im Gegensatz dazu kann in der Sozial- bzw. Gesellschaftsethik unabhängig vom Verhalten einzelner Personen auch nach dem Verhalten ganzer Gesellschaften, zum Beispiel nach der Stabilität bzw. Instabilität eines Staates, gefragt werden.

Das erinnert sehr an das oben erwähnte Übereinkommen, das jeden Kapitän dazu verpflichtet, „allen Personen … Beistand zu leisten, soweit er dazu ohne ernste Gefahr für sein Schiff und für dessen Besatzung … imstande ist“[84]. Die Einschränkung, „ohne ernste Gefahr für sein Schiff und für dessen Besatzung“ könnte man auch auf einen Staat übertragen: Das hieße dann, dass eine Regierung dazu verpflichtet ist, allen Flüchtlingen Beistand zu leisten, soweit sie ohne ernste Gefahr für den eigenen Staat und die Bevölkerung dazu imstande ist.

Ein Zuviel von Flüchtlingen kann zum Beispiel nicht nur ein einzelnes Schiff, sondern einen ganzen Staat aus dem Gleichgewicht bringen. Er kann die Destabilisierung eines Staatswesens oder gar dessen vollständigen Zerstörung zur Folge haben.

Wie ist also das Problem der illegalen Migration vom Standpunkt der Gesellschaftsethik aus zu verstehen? Und was hat die Gesellschaft als Ganzes mit ertrinkenden Menschen im Mittelmeer und mit vergewaltigten Frauen und verhungernden Kindern in den Flüchtlingslagern zu tun?

 © Frank & Timme Verlag für wissenschaftliche Literatur

Der Staat als sensibles, großgruppendynamisches System

Es hat viel damit zu tun: Nicht nur Einzelpersonen, sondern auch Staaten sind verletzbar. Gesellschaften bzw. Staaten sind gruppendynamisch funktionierende Gebilde und damit auch gewachsene Sozialstrukturen. Diese Position geht grundsätzlich von einem dynamischen Staatsverständnis im Sinne von Wolfgang Smend aus[85]: Der Staat existiert und erfüllt seine Funktionen nur solange, als er seine Bevölkerung dauerhaft integriert und sich in einem dauernden Prozess der Erneuerung befindet.

Dabei sind die inneren Strukturen eines Staates und die Ausübung von Macht und Herrschaft stets das Ergebnis eines großgruppendynamischen Prozesses, der sich meistens über längere Zeit von innen nach außen entwickelt. Der Umgang mit dem Staat wird so nicht im Sinne eines übersteigerten Nationalismus bzw. Faschismus verstanden, der anhand einer emotionalen Überhöhung des Staatsgedankens eine die Macht stabilisierende Funktion ausübt, sondern er wird hier als großgruppendynamische und optimal austarierte Antwort auf die vielen Wünsche und Bedürfnisse der Bevölkerung aufgefasst.

Eine Gesellschaft oder ein demokratischer Staat ist deshalb eine sensible, auch verwundbare Struktur. Nicht ohne Grund schreibt Alt-Bundesrat Kaspar Villiger[86]: Die Demokratie „ist verletzlich, sie ist unvollkommen, sie ist fehleranfällig, sie (bedarf) als uns nicht angeborenes Menschenwerk der dauernden Pflege …“.

Die Stabilität einer Gesellschaft bzw. eines Staates kann zum Beispiel durch folgende Vorgänge bedroht werden:

- Desintegration von Gesellschaftsschichten (illegale Migration, Oligarchien, Parallelgesellschaften, mafiaähnliche Strukturen)
- Religiöser Fanatismus (der Ruf nach dem absolutistischen Staat)
- Starrer Konservatismus (Stagnation)
- Überzogener Reformismus (Revolution/Konterrevolution)
- Zerstörung der Machtbalance (autoritäre Staatsführung, Behinderung der Justiz)
- Aushöhlung der Bürgerrechte (Einschränkung der Gedanken-, Meinungs-, Presse- und Versammlungsfreiheit)
- Ausufernde Sozialkosten
- Extremes Auseinanderklaffen der Reichtums-/Armutsschere (zunehmende Verarmung der Bevölkerung, zu lasche bzw. ungerechte Steuergesetze, Bedrohung der Sozialwerke)
- Korruption im Staat (ungerechtfertigte Privilegien, Bestechung, Betrug)
- Missachtung der Gesetze (allgemeine Kriminalität, Drogendelikte, Geldwäsche, Steuerhinterziehung, Sexualverbrechen)
- Staatsterrorismus (Verbrechen gegen die Menschlichkeit)
- Krieg und Bürgerkrieg (Völkermord, Kriegsverbrechen)

 © Frank & Timme Verlag für wissenschaftliche Literatur

Der bedrohte Staat

Migranten lassen sich oftmals nur schwer in neue Gesellschaftsstrukturen integrieren. In der Regel bleiben die kulturellen Unterschiede über viele Generationen hinweg erhalten. Sie bleiben jahrhundertelang in Parallelgesellschaften, Ausländerghettos, zum Beispiel in sogenannten „China-Towns", wirtschaftlich und kulturell verankert. Thilo Sarrazin meint dazu: „Melting pot, das war die Idee, dass Unterschiede zwischen Einwanderern verschiedener Kulturen verschmelzen und eine gemeinsame Identität entsteht. Heute gehen wir eher von dem Modell einer ‚salad bowl' aus, einer Salatschüssel, weil wir erkannt haben, das eine bleibt ein grünes Blatt und das andere rote Paprika. Wenn es aber den melting pot nicht gibt und die kulturelle und ethnische Identität das menschliche Bewusstsein nachhaltig bestimmt, dann müssen wir das Thema ‚Einwanderung' anders sehen. Wir müssen uns verabschieden von der Illusion, dass sich kulturelle Unterschiede binnen weniger Generationen nivellieren."[87]

Das bedeutet, dass man das Thema „Einwanderung" ganz anders sehen muss. Die Ausländermigration führt in der Regel immer wieder zu Unruhen und Gewalt, die sich in erster Linie gegen die Minderheiten richten: „Für die Einheimischen war die Zuwanderung in weit über 90 Prozent der historisch beobachteten Fälle blutig, verderblich und gefährlich."[88]

Zusammengefasst heißt dies, dass neben vielen anderen Faktoren die Ausländermigration, vor allem die illegale Migration, die Staaten bedroht. Ein bedrohter Staat kann die bürgerlichen Freiheiten nicht mehr garantieren. Im Gegenteil. Möglicherweise mutiert er zu einem schwachen oder zerfallenden Staat. Ein chaotischer Staat tendiert zu diktatorischen Maßnahmen und zur Verletzung der Menschenrechte. Es sind oft nichtstaatliche Strukturen wie Oligarchien, mafiaähnliche Organisationen, Parallelgesellschaften usw., die die freiwerdenden gesellschaftlichen Räume widerrechtlich besetzen und in der Regel eine selbstbezogene und gesellschaftsfeindliche Herrschaft ausüben.

Deshalb muss ein Staat, zum Beispiel ein demokratisch-liberaler Staat, wirkungsvoll geschützt und nach innen und außen mit „Zähnen und Klauen" verteidigt werden.

Selbst die Provinz ist betroffen. Mehrere Oberbürgermeister von deutschen Provinzstädten beklagen die zunehmende Aggressivität und Respektlosigkeit der Jugend. Sie erleben die Randale als „sozialen Sprengstoff"[89].

Die Folge ist eine schleichende Destabilisierung. Der langsame Zerfall der staatlichen Strukturen kann anhand bestimmter Symptome frühzeitig erkannt und möglicherweise sogar gestoppt werden. Es ist vermutlich kein Zufall, dass sich in den vergangenen Jahren in mehreren Ländern Europas bedeutsame Vorgänge ereignet haben, die aufhorchen lassen.

Der deutsche Inlandsgeheimdienst beobachtet sowohl bei Rechtsextremisten als auch in der linken Szene eine zunehmende Bereitschaft, Gewalt anzuwenden. Neben der linksextremen und islamischen Bedrohung haben von 2018 bis 2019 besonders die rechtsextrem motivierten Straftaten um einen Drittel auf über 32.000 Straftaten zugenommen:

 © Frank & Timme Verlag für wissenschaftliche Literatur

- Konkret wurde am 2. Februar 2019 der Regierungspräsident von Kassel, Walter Lübcke, vom Rechtsextremisten Stephan E. vor der eigenen Haustüre aus nächster Nähe mit einem Pistolenschuss in den Kopf getötet,
- Am 9. Oktober 2019 erfolgte ein Anschlag auf die Synagoge von Halle. Der Rechtsextremist Stephan B. wollte mit der Absicht in die Synagoge eindringen, möglichst viele Juden zu töten, und
- am 19. Februar 2020 erschoss der Attentäter Tobias R. zehn Personen in Hanau.

Diese Radikalisierung kann als ein Indiz angesehen werden, dass der Staat auch durch illegale bzw. legale Migration bedroht wird. Die Seenotrettung unterstützt und verschärft ohne Absicht das desaströse Flüchtlingsdrama. Einerseits fördert es in den betreffenden Fluchtländern den Verlust an Menschen und speziell an Fachkräften. Es ist nachweislich so, dass es in der Regel die am besten ausgebildeten und mutigsten Menschen sind, die die risikoreiche Flucht nach Europa wagen. Andererseits werden die gesellschaftlichen Verhältnisse in den europäischen Aufnahmeländern zunehmend destabilisiert. Das Entstehen von Parallelgesellschaften, das kriminelle Verhalten arabischer Jugendlicher auf der Kölner Domplatte, das aggressive Vorgehen vieler Jugendlicher mit Migrationshintergrund in Berlin, Hamburg und Stuttgart, das Verhalten der Muslime in Schulen und europäischen Freibädern, das Eindringen in die europäischen Sozialsysteme und die zahlreichen gewaltsamen Übergriffe bzw. Sexualverbrechen in europäischen Städten führt die westliche Gesellschaft an ihre Grenzen. Diese Ereignisse haben in vielen Ländern zu einer emotionalen Gegenreaktion und in der Folge zu einem grundlegenden Umdenken geführt.

Wie kann die Überforderung eines Staates anhand der zahlreichen Gegenreaktionen diagnostiziert werden?

Die Symptome eines bedrohten Staates

In der Regel verfügt ein Staat über ein ganzes Bündel von Kontroll- und Sanktionsmöglichkeiten, um sich gegen Bedrohungen von Innen und Außen zu wehren. Zuständig sind zum Beispiel die soziale Kontrolle durch die Medien, die Gerichtsbarkeit, die Polizei, die Armee und selbstverständlich auch das Stimmverhalten der Bevölkerung.

Es kann aber auch der Fall eintreten, dass sich bestimmte Vorgänge entweder nur unterschwellig ereignen, oder dass der Staat als Ganzes durch einzelne, zunächst als unwichtig eingestufte Ereignisse langsam überfordert wird. In diesen Fällen gerät der Staat nach und nach aus dem Gleichgewicht, ohne dass die Bedrohungen in ihrer Entstehung und Auswirkung bewusst wahrgenommen werden. Es erfolgt eine schleichende Destabilisierung, die möglicherweise nicht ernstgenommen wird und in der Folge kaum aufgehalten werden kann.

In diesem Falle kann aber der langsame Zerfall der staatlichen Strukturen anhand bestimmter Symptome dennoch diagnostiziert werden:

© Frank & Timme Verlag für wissenschaftliche Literatur

Als Symptome eines bedrohten Staates gelten zum Beispiel

- der Verlust der politischen Mitte und der langsame Machtzuwachs der politischen Extreme,
- die zunehmende Verunsicherung und Verängstigung der Bevölkerung,
- der politische Rechtsrutsch, der eine Versteifung der sozialen Strukturen anzeigt,
- soziale Unruhen, Demonstrationen, terroristische Anschläge usw.,
- der Anstieg von Korruption und Kriminalität,
- das Auseinanderklaffen der Reichtums- bzw. Armutsschere.

Der Zerfall der politischen Mitte als erstes Alarmzeichen

Das erste Symptom, der Verlust der politischen Mitte und der Machtzuwachs der Extremparteien, stellt ein Grundgesetz der Gruppendynamik dar. Die Mitteparteien sind nicht mehr das Zentrum der Macht, wenn die Extremparteien stark werden.

Das irritiert die Mitteparteien, die sich als Volksparteien verstehen. Sie zeigen sich verwundert bis empört und geben die Schuld den Extremparteien. Sie werfen diesen Populismus und Volksverführung vor.

Die Mitteparteien müssen sich aber die Frage stellen, welche Veränderungen in der Gesellschaft sie nicht mehr adäquat wahrnehmen. Haben Sie den Kontakt zur Mitte verloren? Stolpern sie möglicherweise über ihre eigene Weltblindheit, über die eigene Begrenztheit in der sozialen Wahrnehmung?

Diese Tendenz schlägt sich u.a. in desaströsen Wahlresultaten für die Sozialdemokraten nieder. Nicht nur in Deutschland, sondern auch in der Schweiz befindet sich die Sozialdemokratische Partei (SP) in einer veritablen Zwickmühle. Ihre Haltung ist zunehmend widersprüchlich. Einerseits fühlen sich die Parteimitglieder den Menschenrechten verpflichtet, die ihnen im Hinblick auf die Migration ein menschenfreundliches Vorgehen nahelegen. Sie stellen sich grundsätzlich auf die Seite der Armen, Schwachen und Benachteiligten. In diesem Sinne sind sie schon vom Prinzip her Fürsprecher einer liberalen Einwanderungspolitik. Andererseits missachten sie dabei die Ängste der eigenen Bevölkerung. Die Einwanderungspolitik tangiert „auch linke Anliegen wie Umweltschutz oder Arbeits- und Lohnsicherheit“[90]. Dieses Dilemma ist kaum zu lösen und droht die sozialdemokratischen Parteien in ihrem innersten Kern zu zerreißen. Der Schweizer Sozialdemokrat Rudolf Strahm sagte deshalb entsprechend: „Das Migrationsproblem ist in ganz Europa das Kreuz für die Sozialdemokratie“.[91]

Diskussion:

a) **Alles nur Meinungsmache?**
Sind diese Thesen nur Meinungsmache?
Nein. Sie sind keine Hirngespinste. Im Gegenteil. Das zunehmende Abdriften nach rechts ist ein Alarmzeichen, das es ernst zu nehmen gilt. Die Menschen fühlen sich bedroht

und reagieren auf tatsächlich existierende Veränderungen mit zunehmender Verängstigung. Sie spüren den Puls der Zeit möglicherweise besser als die Mitteparteien, auch wenn sich diese christlich nennen.

Die Gesellschaft kommt, wenn man an die mögliche Zuwanderungswelle denkt, zunehmend aus dem Gleichgewicht. Der Zusammenhalt ist gefährdet und die Integration wird immer schwieriger.

b) **Das hat mit dem Volksempfinden zu tun.**

Der allgemeine Trend geht deshalb immer mehr in Richtung einer Abschottung, klarer Grenzziehungen und konsequenter Rückführung der Wirtschaftsflüchtlinge. Das gilt selbstverständlich weniger für Kriegsflüchtlinge.

Diese Veränderung im Volksempfinden muss man ernst nehmen. Die Sensibilität der Menschen ist prioritär und im Hinblick auf die Politik maßgebend. Sie ist nicht nur Ausdruck eines menschenverachtenden Populismus, sondern Ausdruck einer verunsicherten Bevölkerung.

c) **Die Meinung Peer Steinbrücks**

Peer Steinbrück war von 2002 bis 2005 der achte Ministerpräsident des Landes Nordrhein-Westfalen, von 2005 bis 2009 Bundesminister der Finanzen und stellvertretender Bundesvorsitzender der SPD.

Steinbrück hat zu diesem Problem eine profilierte Meinung entwickelt und ist äußerst besorgt[92]*: Seine Partei, die Sozialdemokratische Partei Deutschlands (SPD), sei am*

Abstürzen. Sie sei nicht mehr in der Lage, aus der Analyse des Wählerverhaltens die richtigen Schlüsse zu ziehen. Im Gegenteil, die SPD fokussiere nur noch auf den Begriff „Soziale Gerechtigkeit", ohne die Bedürfnisse der vermutlich enttäuschten Wählerschaft ernsthaft zu erwägen.
Steinbrück weist dabei auf fünf alarmierende Nachrichten hin[93]*:*

- *Acht Prozent der Bevölkerung halten die SPD nicht mehr für zukunftszugewandt und zukunftskompetent.*
- *Auf die Frage, welche Partei die Interessen der Jungunternehmer am besten vertreten würde, setzten diese die SPD nur noch auf die vierte Stelle.*
- *Nur sieben bis acht Prozent aller Wahlberechtigten unter 35 Jahren hätten bei den vergangenen Bundestagswahlen die SPD gewählt.*
- *Die innere Sicherheit und die Durchsetzung des Rechtsstaates sei nur zu zwanzig Prozent bei der SPD richtig aufgehoben.*
- *Die SPD würde sich zwar für die Bedürftigen und die Rechte von Minderheiten einsetzten, sie würde aber die Bedürfnisse von denjenigen, die das Sozialprodukt erwirtschaften, weniger im Blick haben.*

Obwohl wichtige Themen wie das Verhalten der Imame, die Paralleljustiz, die Zwangsheirat und die Jugendkriminalität deutlich sichtbar seien, würde sich die SPD diesen Aufgaben nicht mehr zuwenden. Die SPD zeige sich innerlich zerris-

 © Frank & Timme Verlag für wissenschaftliche Literatur

sen. Einerseits wolle sie der Anwalt der Schwachen sein. Gleichzeitig übersehe sie die Ängste und Bedürfnisse gerade dieser Schwachen, die sich durch die Globalisierung und die illegale Migration zunehmend benachteiligt fühlten. Steinbrück weist im Folgenden auf drei Doppelbotschaften hin, die einer differenzierten Lösung bedürfen:

- *Die Globalisierung ist irreversibel und bringt zahlreiche Vorteile. Es gibt aber auch Globalisierungsverlierer, die Unterstützung brauchen. Zudem gibt es die Pflicht, den sog. „Raubtierkapitalismus" zu zähmen. Wie geht der Staat mit dem digitalisierten und finanziell betriebenen Kapitalismus um? Man müsse neue Regeln entwickeln, die den Internet-Giganten im Hinblick auf Steuerrecht, Wettbewerb und Datenschutz wirksame Grenzen setzen.*
- *Deutschland ist ein Einwanderungsland. Gegenüber Einwanderern müssten aber die deutschen Regeln konsequent durchgesetzt werden.*
- *Den Bedürftigen müsse geholfen werden. Gleichzeitig müsse aber der Sozialbetrug verhindert werden. Man müsse dafür sorgen, dass diejenigen, die das Sozialprodukt erwirtschaften und die Verkehrsräume bewirtschaften, bessergestellt werden.*

Peer Steinbrück meint abschließend, dass bei der SPD im Augenblick keine Zukunftskompetenz zu erkennen sei. Der Zeitgeist der SPD stimme nicht mit dem Zeitgeist der Bevölkerung überein. Dabei sei die Durchsetzung des Rechts-

staates für die Bevölkerung von zentraler Bedeutung. Zudem zeigten sich immer öfter schwere Übergriffe auf die Alltagskultur, zum Beispiel bei Angriffen auf Oberbürgermeister, Bürgermeister, Landräte, Polizisten, Feuerwehrleute, Ärzte und Ärztinnen in Notfallkliniken, auf Lehrer und Lehrerinnen, auf Schüler, die von Mitschülern gemobbt werden und im Hinblick auf die beängstigende Enthemmung im Internet. Diese Vernachlässigung gelte vermutlich für alle sozialdemokratischen Parteien in Europa. In der Folge komme es zu einem beängstigenden Machtzuwachs der rechtskonservativen bzw. rechtsradikalen Parteien, die diese Problemfelder erfolgreich aufnehmen.

Peer Steinbrück greift mit Verve die fragwürdigen Themen auf: Entscheidend ist, dass die Bevölkerung die illegale Migration entschieden ablehnt und alle Parteien, die sich nicht in dieser Hinsicht profilieren, werden entsprechend abgestraft. Vermutlich wird die europäische Sozialdemokratie diesen Schwenk nicht rechtzeitig vollziehen.

Vermutlich analysiert Peer Steinbrück die augenblicklichen Probleme richtig. Die Globalisierung muss strukturiert und die illegale Migration muss gestoppt werden. Er wagt es aber nicht, die Probleme, in erster Linie die Migrationsproblematik, beim Namen zu nennen und damit seine eigene Partei herauszufordern.

© Frank & Timme Verlag für wissenschaftliche Literatur

Die Symptome sind nicht zu übersehen

In letzter Zeit sind einige der oben erwähnten Symptome, in erster Linie in Europa und Amerika, deutlich sichtbar geworden. Der allgemein stattfindende Rechtsrutsch und der allmähliche Machtzuwachs der Extremparteien sind nicht zu übersehen. Vielfach zeigen sich Unruhen und Aufstände, die verstärkt mit äußerst aggressiven Manifestationen von rohester Gewalt, mit brutalem Vorgehen gegenüber der Polizei, mit der rücksichtsloser Zerstörung von Sachwerten und der desaströsen Plünderung von Geschäften einhergehen.

Anhand dieser Symptome kann man schlussfolgern, dass die staatlichen Strukturen zunehmend bedroht werden. Was sind die konkreten Ursachen für diese Bedrohung? Vermutlich spielt bei dieser Destabilisierung neben der allgemeinen Globalisierung auch die illegale Migration eine entscheidende Rolle.

Die illegale Migration ist ein destabilisierender Faktor

Im Einzelnen kann eine unbegrenzte legale und illegale Einwanderung folgende Entwicklungen zeitigen:

- Ausländeranteil:
  Der Ausländeranteil an der deutschen Bevölkerung beträgt 2019 bei einer Gesamtbevölkerung von ca. 83 Millionen 10,3 Millionen (12,5%), der Anteil der Be-

völkerung mit Migrationshintergrund ca. 17 Millionen (21%). In der Schweiz betragen die entsprechenden Werte für den Ausländeranteil an der Gesamtbevölkerung 25,3% (2019) bzw. für den Anteil der Bevölkerung mit Migrationshintergrund 37,5% (2018). Diese Anteile erhöhen sich stetig.

- <u>Sozialstrukturen:</u>
  Neben den offiziellen staatlichen Strukturen bilden sich Parallelgesellschaften und Ausländerghettos, die eine destruktive Dynamik entfalten und nach eigenen Gesetzen leben. Die Anzahl der Clanmitglieder in Gesamtdeutschland wird vom Bundeskriminalamt (BKA) auf über 200.000 geschätzt. Unter Einbezug einer geschätzten Dunkelziffer kann man mit einem Bevölkerungsanteil von gegen einer halben Million Menschen rechnen. Dieses bedeutet, dass etwa jeder 50. Bewohner Deutschlands einer Bevölkerungsgruppe angehört, die kriminell aktiv ist und den Rechtsstaat grundsätzlich in Frage stellt.

- <u>Finanzielle Folgen:</u>
  Die astronomischen Gewinne, die im Rahmen der organisierten Kriminalität erwirtschaftet werden, werden nicht versteuert. Zudem werden die Sozialsysteme zunehmend überfordert, was zu weiteren Schuldenaufnahmen und Steuererhöhungen führen kann. Die Kosten für die ungeregelte Migration werden aber von

© Frank & Timme Verlag für wissenschaftliche Literatur

der Bundesregierung Deutschlands nach Kräften heruntergespielt[94]. Die Fakten sind aber: „Zieht man die 8 Milliarden für die Bekämpfung der Fluchtursachen ab, bleiben immer noch 15 Milliarden Euro für ein einziges Jahr. Und das sind bloss die Ausgaben des Bundes, hinzu kommen jene der Länder und Gemeinden.“[95]

- Islam:
  In Deutschland lebten Ende 2015 zwischen 4,4 und 4,7 Millionen Muslime (Sunnitische Mehrheit 75%, Aleviten 13%, Schiiten 7%, Sonstige 5%). Dies entspricht rund 5,4 bis 5,7 Prozent der Gesamtbevölkerung; die Tendenz ist steigend.[96] Einige Muslime zeigen im Sinne des Korans ein intolerantes und kompromissloses Integrationsverhalten.

- Ausländer-Kriminalität:
  Armut und Bildungsferne zwingen viele Einwanderer zum Erschließen von alternativen oder gar kriminellen Einkommensquellen.
  Im Jahr 2018 wurden in Deutschland im Bereich der Allgemeinkriminalität (ohne ausländerrechtliche Verstöße) insgesamt 165.769 tatverdächtige Zuwanderer registriert[97].
  Nach der vom deutschen Bundeskriminalamt erstellten „Polizeilichen Kriminalstatistik“ (PKS) für 2019 beträgt der Anteil nichtdeutscher Verdächtiger bei Straftaten insgesamt ohne Verstöße gegen das Aus-

länderrecht 30,4%, bei Gewaltkriminalität 37,5%. Das bedeutet: Mehr als jeder dritte Kriminelle in Deutschland ist Ausländer.

Den größten Anteil an tatverdächtigen Zuwanderern stellen wie schon 2017 Zuwanderer aus den Hauptherkunftsstaaten Syrien (20%), Afghanistan (11%) und Irak (7%) dar.

Der Anteil der tatverdächtigen Zuwanderer aus den Maghreb-Staaten Algerien, Marokko und Tunesien lag insgesamt bei 7%. Der Anteil der tatverdächtigen Zuwanderer aus den Balkanstaaten Albanien, Bosnien und Herzegowina, Kosovo, Mazedonien und Serbien lag zusammen bei 8% und ist im Vergleich zum Vorjahr gesunken (2017: 11%).

In der Schweiz ist der Ausländeranteil noch höher: Siebentausend Straftäter sitzen derzeit in Schweizer Gefängnissen ein. Etwa drei Viertel davon sind Ausländer[98].

- <u>Arbeitsmarkt:</u>

  Viele schlecht bis gar nicht ausgebildete Zuwanderer aus bildungsfernen Bevölkerungsschichten, die nicht der deutschen Sprache mächtig sind, sind auf dem Arbeitsmarkt schwer zu vermitteln. Das gilt auch für Jugendliche, die in einem Alter sind, in der üblicherweise die Berufsausbildung und die Vorbereitung auf ein erfolgreiches Arbeitsleben erfolgen sollten.

 © Frank & Timme Verlag für wissenschaftliche Literatur

Das führt zu schweren Verwerfungen auf dem Arbeitsmarkt, zu hoher Jugendarbeitslosigkeit und verführt nebenbei nicht wenige Unternehmer zu unmoralischen bis zu kriminellen Geschäftspraktiken (z. B. Dumpinglöhne bzw. -preise).

- <u>Identifikation mit dem Rechtsstaat:</u>
  Viele Ausländer bzw. Zuwanderer lehnen die staatlichen Institutionen und den Rechtsstaat ab. Sie orientieren sich eher an selbst geschaffenen und seit Jahrhunderten tradierten Rechtsvorstellungen, Familien- bzw. Clangesetzen. Das führt zunehmend zu einer Desintegration dieser Gesellschaftsschichten. Die Gesellschaft zerfällt in unterschiedliche Religionsgemeinschaften, Familienclans, Wohnghettos usw., die von unterschiedlichen Moralvorstellungen, Verhaltensregeln, politischen Einstellungen, Arbeitsnormen, Familienstrukturen usw. geprägt sind.

- <u>Zunehmender Widerstand:</u>
  In der Bevölkerung zeigen sich die ersten Anzeichen einer politischen Versteifung. Es gibt immer mehr Menschen, die an der Demokratie zweifeln und härtere Maßnahmen gegenüber der Kriminalität und der illegalen Einwanderung fordern.
  Sowohl die konservativen und rechtsgerichteten Parteien als auch die linksextremen Parteien haben vermehrt Zulauf, während die sogenannten Mitteparteien laufend an Gewicht verlieren.

Was bedeuten diese Ergebnisse?

Der Staat darf sich nicht nur an der Individualethik orientieren. Er muss die gesellschaftlichen bzw. großgruppendynamischen Faktoren einbeziehen. Diese zeigen, dass die staatlichen Systeme auf die aus der Migration erwachsenden Probleme sensibel reagieren und zunehmend die Zeichen einer wachsenden Verunsicherung zeigen.

Es gibt viele Staaten, die deswegen zu einer harten Abschottungspolitik übergegangen sind. Einige Beispiele sind Österreich, Ungarn, Italien, Großbritannien. Diese Tendenz gipfelt nicht zuletzt in dem Ruf nach der „Festung Europa".

Das Hauptanliegen der britischen Innenministerin Priti Patel sei[99] „das Ende der Arbeitnehmerfreizügigkeit und ein Einwanderungsrecht, das die Zahl der Ausländer im Königreich reduziert und kontrolliert."

Das mag unbarmherzig klingen. Die Aufnahme und die Integration von Zuwanderern mag ein hohes Gut darstellen. Es gibt aber ein noch höheres Gut: die Unversehrtheit und Stabilität des eigenen Staates. Es ist nicht richtig, wenn man nur nach ethischen Grundsätzen ein guter Mensch sein will und gleichzeitig den eigenen Staat zerstört.

Die unbegrenzte Zuwanderung, die in der Zukunft möglicherweise Millionen von illegalen Migranten aus Afrika erwarten lässt, droht das Fundament der westlichen Gesellschaft zu erschüttern. Einer ungezügelten illegalen Migration die Grenzen zu öffnen und dabei ein guter bzw. hilfsbereiter Mensch zu sein, bedeutet letztlich, in der eigenen Bevölkerung einen politischen

 © Frank & Timme Verlag für wissenschaftliche Literatur

Widerstand zu erzeugen. Man will für alle Menschen Gutes tun, bewirkt aber für die Gesellschaft als Ganzes Schlechtes.

Diese Gefahr ist nicht mutwillig herbeigeredet. Sie ist real. Der Liberalismus nach Außen kann uns den Liberalismus im Innern kosten.

In Ungarn, Polen, Frankreich und auch in Deutschland bzw. England ist diese Gefahr anhand des Erstarkens des Populismus und der Rechtsparteien gut zu beobachten. Die Rechtsparteien haben sich nicht das bestmögliche Funktionieren der Demokratie und speziell der Europäischen Union auf die Fahnen geschrieben, sondern tendieren im Gegenteil dazu, die demokratischen Grundpfeiler wie zum Beispiel die Unabhängigkeit der Gerichte und die Freiheit der Meinungsäußerung langsam zu zerstören und die Integration Europas zu torpedieren.

Im Hinblick auf die Migration der Kriegs- bzw. Wirtschaftsflüchtlinge heißt die Alternative deshalb nicht mehr, entweder die Grenzen zu öffnen und ein hilfsbereiter Mensch zu sein oder die Grenzen dicht zu machen und als unbarmherziger Mensch zu gelten, sondern: entweder die Migration zu stoppen oder die Demokratie bzw. die Europäische Integration zu gefährden.

Aus diesen Gründen ist es nicht nur aus gesellschafts-ethischen Gründen vertretbar, sondern ein absolutes Muss, entsprechende Abwehrmaßnahmen zu treffen und gegen die allgemeine und unbegrenzte Immigration wirkungsvoll vorzugehen. Diese Feststellung zu negieren bzw. zu ignorieren bedeutet letztlich, mit Blindheit geschlagen zu sein und dem eigenen Staat in unverantwortlicher Weise Schaden zuzufügen.

Der zerfallende Staat

Ein zerfallender Staat kann die Bedürfnisse seiner Bevölkerung nicht mehr befriedigen. Die Kinder, denen man kulturübergreifend helfen will, werden selbst im eigenen Staat zunehmend vernachlässigt. Die Schulen bzw. Bildungseinrichtungen können sowohl die Kinder als auch die Erwachsenen nicht mehr angemessen auf eine anforderungsreiche Zukunft vorbereiten. Die Gesundheits- und Sozialinstitutionen lassen sich nicht mehr ausreichend finanzieren. Und auch die Infrastruktur wie die Wasserversorgung, der Straßenbau und die Müllbeseitigung werden nicht mehr gewährleistet. Zudem klafft die Reichtums-/Armutsschere immer weiter auseinander.

Schlussfolgerung

Es ist nicht nur aus gesellschafts-ethischen Gründen unabdingbar, sondern eine absolute Notwendigkeit, entsprechende Abwehrstrategien zu entwickeln und gegen die allgemeine und unbegrenzte illegale Migration wirkungsvoll vorzugehen.

Welche Konsequenzen müssen anhand dieser Überlegungen in Betracht gezogen werden?

© Frank & Timme Verlag für wissenschaftliche Literatur

9 Vorschläge zur Lösung des Migrationsproblems

Es gibt drei Handlungsmöglichkeiten: Man muss mit Entwicklungshilfen oder mittels Migrationsabkommen verhindern, dass die Wirtschaftsflüchtlinge ihre eigenen Länder verlassen und man kann die Grenzen endgültig schließen.

Die erste Handlungsmöglichkeit: Die Bekämpfung der Fluchtursachen

Die erste Handlungsmöglichkeit ist die nachhaltige Bekämpfung der Fluchtursachen. Zu diesen können zum Beispiel folgende Maßnahmen gezählt werden:

- Materielle und finanzielle Entwicklungshilfe,
- Aufbau eines effizienten Bildungswesens,
- Schaffung von Arbeitsplätzen,
- Geologische, biologische bzw. technische Infrastrukturmaßnahmen.

Eine wirksame Entwicklungshilfe darf nicht an den Außengrenzen Halt machen. Sie muss auch im Innern der betreffenden Länder erfolgen und dort effiziente Strukturen schaffen. So kann das

© Frank & Timme Verlag für wissenschaftliche Literatur

stetige Ausbluten einiger afrikanischer bzw. asiatischer Länder verhindert und der Abwanderungsdruck nach Europa gedrosselt werden.

An erster Stelle stehen der Aufbau eines effizienten Bildungswesens und die Schaffung von sicheren Arbeitsplätzen. Weiterhin können nachhaltige geologische, biologische bzw. technische Infrastrukturmaßnahme genannt werden. Zum Beispiel ist es möglich, versteppte oder gar versandete Gebiete zu revitalisieren. Das bedeutet, dass ehemalige Waldgebiete durch die Wiederbelebung von überlebenden Wurzelstöcken oder durch die Aufforstung mit neuen Baumsetzlingen zu neuem Leben erweckt werden. Solche Maßnahmen können eine Vielzahl von überraschenden Folgeerscheinungen zeitigen. Die Nässe der regelmäßig anfallenden Niederschläge bleibt in den Böden gespeichert, die Fruchtbarkeit der Felder kehrt zurück und das Gelände wird nach und nach von einheimischen Nutz- und Wildtieren zurückerobert.

Ein besonderes Entwicklungsprojekt stellen die Aktivitäten des Vereins „Source de Vie Schweiz" im afrikanischen Bénin dar:

> Nach 20 Jahren freiwilliger Begleitung von Asylsuchenden in der Schweiz reiste Margrit Dieterle im Sommer 2008 mit einem afrikanischen Begleiter nach Bénin. Dort war sie erschüttert über die Perspektivlosigkeit der jungen Menschen, deren Eltern zu arm waren, ihnen Schule oder berufliche Ausbildung zu ermöglichen.
>
> Sie kaufte ein großes Stück Land und schenkte es ihrem Begleiter. Dieser beschloss, mit Freunden ein Ausbildungszentrum für handwerkliche Berufe zu errichten, mit

 © Frank & Timme Verlag für wissenschaftliche Literatur

dem Ziel, den Jugendlichen im eigenen Land eine Lebensgrundlage zu ermöglichen und so deren Migration nach Europa oder in die Schweiz zu verhindern.

In der Folge wurden ab 2010 ein Ausbildungszentrum für handwerkliche Berufe aufgebaut, ab 2014 weitere fünf Hektaren Land für Pflanzungen und Fischteiche dazugekauft und drei Wasserfassungen gegraben. Im Jahre 2015 konnten eine private Primarschule und der Kindergarten „Ste Marie de Gbéhoué“ gegründet werden. 2018 wurden zwölf Rundhäuser gebaut, 2019 weitere 12,5 Hektaren Land gekauft und am 1. September 2019 die „Landwirtschaftliche Schule Paul Meier“ eröffnet.

Im Jahre 2019 wurde Margrit Dieterle, der Gründerin von „Source de Vie“ für „beispielhafte, herausragende und nachhaltige Leistungen“ vom Schweizerischen Roten Kreuz der „Rotkreuzpreis 2019“ verliehen.[100]

Das Projekt „Source de Vie“ stellt ein hervorragendes Beispiel für nachhaltige Entwicklungshilfe dar. Wird das Projekt national bzw. international Schule machen und wird es langfristig überleben können? Oder wird es nur so lange Bestand haben, wie es von ausländischen Entwicklungshelfern geistig und materiell unterstützt wird?

Alle Wirtschaftshilfen müssen mit Bedacht ausgewählt werden. Ein nachhaltiger Fortschritt kann nicht über die Köpfe der Menschen hinweg bewirkt werden, sondern muss an die Eigeninitiative der Bevölkerung anknüpfen. Nur mit dieser Eigeninitiative kann die Entwicklung vor Ort eine Eigendynamik entwickeln.

Für diese Prozesse muss wie zurzeit in Bénin ein funktionierendes Umfeld mit funktionierender Verwaltung und ein gegenüber der privaten Wirtschaftstätigkeit und der allgemeinen Rechtssicherheit offener Staat zur Verfügung stehen.

Diese Bedingungen können aber nicht von außen oktroyiert werden, sondern müssen im eigenen Land aufkeimen, um schließlich langfristig Früchte tragen zu können. Das ist ein langer Prozess und bedingt entscheidende Voraussetzungen, die im Augenblick in weiten Teilen Afrikas nur im Ansatz gegeben sind.

Die afrikanische Ökonomin und Beraterin für das Entwicklungsprogramm der UNO, Axelle Kabou, rechnet mit den afrikanischen Eliten und der Haltung, die Schuld am Elend Afrikas dreißig Jahre nach der Unabhängigkeit immer noch der Sklaverei und dem Kolonialismus anzulasten, entschieden ab[101]. Sie beklagt die afrikanische Entwicklungsverweigerung, die sich in Ansichten zeige,

- dass die Technik dem afrikanischen Leben zuwiderlaufe und der Computer nicht afrikanischem Geist entspreche.
- Aus diesen Gründen seien sowohl der Computer als auch die westliche Technologie grundsätzlich abzulehnen.

Die Unterentwicklung Afrikas gehe deshalb nicht auf die Ausbeutung durch die Kolonialmächte oder auf den Mangel an Kapital zurück, sondern finde ihren Ursprung in den Köpfen der Afrikaner. Afrika besitze zwei Gesichter:

 © Frank & Timme Verlag für wissenschaftliche Literatur

- erstens ein Gesicht, das aus Zahlen, Statistiken und amtlichen Erklärungen bestehe,
- zweitens gäbe es das Gesicht des Alltags, das von verschiedenen Gesetzen, kleinen Gefälligkeiten und Geheimcodes regiert werde. Diese Einstellungen würden mit dem Fortbestehen traditioneller Kulturen gleichgesetzt, eine Ideologie, auf die sich die afrikanischen Eliten immer wieder berufen.

Afrika sei so ein „Meister der Verschwendung von Zeit, Geld, Tatkraft und Können". Es gäbe kein afrikanisches Land, das ein Stadium erreicht habe, in dem das Kapital eine produktive Rolle spielen könne.

Die afrikanischen Völker verdanken ihren höheren Lebensstandard und eine um Vieles höhere Lebenserwartung der westlichen Technik und sind keinesfalls bereit, auf diese Annehmlichkeiten zu verzichten. Oder wollen etwa die Afrikaner und gegebenenfalls auch die amerikanischen oder australischen Urbevölkerungen tatsächlich zu ihren alten Gebräuchen und in ihre ursprünglichen Kulturräume zurückkehren?

Das erscheint absurd. Das Leben der indigenen Völker war bestimmt von unerbittlichen Kämpfen ums tägliche Überleben, der nicht selten von grausamsten Gemetzeln, zum Beispiel in Ruanda, und langen Hungerperioden begleitet waren. Aus diesen Gründen sollte jeder Anlass, untereinander Kriege zu führen, beseitigt und die gegenseitige Friedfertigkeit mit allen Kräften gefördert werden.

Umfangreiche Waffenlieferungen und technische Investitionen, die zum Beispiel den Gewinnen von mächtigen Weltkonzernen, dem „Kalten Krieg“ oder der Rivalität zwischen den Großmächten dienen können, sollten umgehend geächtet oder mittels Sanktionen verboten werden.

Weiter könnte Afrika wirkungsvoll gedient werden, wenn der Klimawandel umgehend gebremst und die Geburtenrate in den afrikanischen Familien rigoros abgesenkt würden.

Der technische Fortschritt, ein funktionierendes Gesundheitswesen und die in Gesetze gegossenen Rechtsvorstellungen sind das höchste Gut, was der Westen diesen Völkern bringen konnte und kann. Im Grunde ist es doch so, dass das westliche Forschen und Gestalten zwar die alten Kulturen weitgehend zerstört haben, auch die eigenen mittelalterlichen Gesellschaftsstrukturen, dass aber diese Errungenschaften den indigenen Völkern zumindest stellenweise ein noch wichtigeres Gut gebracht haben, nämlich die Möglichkeit, als relativ gesunde und wohlgenährte Menschen ein selbstbestimmtes bzw. würdevolles und ein gemäß ihren wirklichen Fähigkeiten entsprechend tätiges Leben zu führen.

Zudem muss klar festgehalten werden, dass die reichen Staaten des Westens im Rahmen der Entwicklungszusammenarbeit Afrika stets großzügig unterstützt haben. Allein die Schweiz hat in den vergangenen vier Jahren elf Milliarden Euro an Entwicklungshilfe geleistet, wobei mit diesen Mitteln durchweg Bildungseinrichtungen und nachhaltige technische Projekte finanziert worden sind. Und selbst in zahlreichen afrikanischen Staaten wurden bis in die kleinsten Dörfer hinein wegweisende Unternehmungen initiiert bzw. es wurde großzügige Finanzhilfe geleistet.

 © Frank & Timme Verlag für wissenschaftliche Literatur

Trotzdem, nach wie vor können nur in wenigen afrikanischen Ländern erste Ansätze zu einer nachhaltigen eigenen Wirtschaftstätigkeit festgestellt werden.

Vielleicht kann gerade eine konsequente Grenzschließung die Eigeninitiative stärken und eine intrinsisch motivierte Wirtschaftstätigkeit in den betreffenden Ländern befördern. Es ist, als ob eine fehlkonzipierte Entwicklungshilfe die Eigeninitiative mehr lähmen als wirklich begünstigen würde und als ob eine erfolgreiche Eigeninitiative erst auf dem Boden einer aus der Not geborenen Notwenigkeit erwachsen könnte.

Dieser Befund ist mehr als enttäuschend. Welche Handlungsmöglichkeiten bleiben noch übrig?

Die zweite Handlungsmöglichkeit: Migrationsabkommen

Die zweite Handlungsmöglichkeit besteht in zwischenstaatlichen Vereinbarungen und Migrationsabkommen mit afrikanischen bzw. asiatischen Staaten. In dieser Hinsicht gibt es noch ein großes Handlungspotential auszuschöpfen.

Als Vorbild kann hier das Flüchtlingsabkommen zwischen der EU und der Türkei vom 18. März 2016 gelten, das in der Folge den Flüchtlingsstrom aus Afghanistan, dem Irak und aus Syrien fast gänzlich zum Erliegen brachte.

Diese Abkommen müssten in einem ausgewogenen Verhältnis sowohl Wirtschafts- und Entwicklungshilfen als auch ein für die Auswanderungsländer gültiges Rückkehrerabkommen beinhalten. Die Angebote müssten entsprechend großzügig ausgestattet werden, damit sie – um es etwas listig zu formulieren – nicht abgelehnt werden können.

Das bedeutet dann, dass politische und sogenannte Wirtschaftsflüchtlinge im Falle der Ablehnung ihres Asylantrages oder des Entzugs einer bereits bestehenden Aufenthaltserlaubnis, zum Beispiel wegen krimineller Handlungen, von ihren jeweiligen Heimatländern verbindlich und ohne langes Zögern zurückgenommen werden.

Diesem Ansinnen stellen sich viele Probleme entgegen. Welcher Staat wird bereit sein, verurteilte Verbrecher ins eigene Land zurückzuholen? Zudem laufen die Einwanderungsländer Gefahr, erpressbar zu werden, denn die Auswanderungsländer können jederzeit weitere Zugeständnisse einfordern und bei Ablehnung dieser Forderungen mit der Kündigung der Abkommen drohen. Zudem profitieren einige Auswanderungsländer von Überweisungen der Auswanderer an ihre in der Heimat verbliebenen Familienmitglieder, weil sie diese willkürlich besteuern können.

Aus diesen Gründen muss man davon ausgehen, dass der Erfolg sowohl der Bekämpfung der Fluchtursachen als auch der Migrationsabkommen nicht sicher sein kann. In diesem Falle wird man eine dritte Handlungsmöglichkeit in Betracht ziehen müssen.

 © Frank & Timme Verlag für wissenschaftliche Literatur

Die dritte Handlungsmöglichkeit: Europa muss die Grenzen dichtmachen

Die dritte Handlungsmöglichkeit ist: Europa muss die Grenzen schließen. Das Ergebnis aller hier genannten Überlegungen ist eine strikte Abschottungspolitik.

Hinter der Seenotrettung versteckt sich neben den verdienstvollen Absichten ein menschenverachtendes Geschäft mit dem Tod. Es ist naiv zu glauben, den Menschen etwas Gutes zu tun, wenn daraus den Schleppern gleichzeitig ein lukratives Geschäft erwächst. So wird unter dem Deckmantel der Humanität ein übles Spiel gespielt. Der heldenhafte Dienst am Menschen verwandelt sich so schnell zu einem üblen Geschäft mit verheerenden Todesfolgen.

Grundsätzlich muss aber festgestellt werden, dass sich viele Migranten bemühen, die Sprache ihrer Gastländer zu lernen und sich in die neuen Gesellschaften erfolgreich einzufügen. Sie sind fleißig, zuverlässig und nicht selten hochintelligent. Vielfach schaffen sie die vollständige Integration und werden in ihrer neuen Heimat und in ihren Betrieben zu wertvollen Mitarbeitern. Das gelingt aber nicht immer: „Wegen mangelnder Sprachkenntnisse und fehlender Ausbildung gehen 42 Prozent der Flüchtlinge, die überhaupt einen Job bekamen, einer Arbeit nach, die nur eine geringe Qualifikation erfordert.“[102]

Nicht selten besitzen die Migranten weder den Willen noch die Fähigkeit, die schwierige Anpassung an die fremden Lebensumstände erfolgreich zu meistern. Zudem gibt es informelle Strukturen, z.B. Sitten und Gebräuche und nicht zuletzt die Religionen, die den Integrationsbemühungen hohe Hürden entgegenstellen. Deshalb muss eine strikte Abschottungspolitik in Erwägung gezogen werden.

Die endgültige Lösung des Migrationsproblems könnte schließlich darin bestehen,

- dass man weltweit verkündet, ab einem bestimmten Zeitpunkt alle Grenzen zu schließen,
- dass alle Migrationsversuche blockiert und
- dass erfolgreiche Übertritte in fremde Länder durch sofortige Rückführung rückgängig gemacht werden,
- dass keine Rettungsschiffe mehr in die Häfen Europas einlaufen dürfen und
- dass Rettungsschiffe, die sich nicht an diese Regeln halten, umgehend konfisziert werden.

Ist es überhaupt möglich, die Grenzen vollständig zu schließen?

Der österreichische Bundeskanzler Sebastian Kurz sagte am 05.01.2020 in einem Interview: „Ja, natürlich kann man Seegrenzen schützen und man sollte sie auch schützen. Wir können dafür sorgen, dass Flüchtlingsboote erst gar nicht ablegen, wir können die Menschen, die gerettet werden, zurück in das Land bringen, aus dem sie gekommen sind.“[103]

Und am 2. Oktober 2020 geht folgende Nachricht unter Überschrift „Kurswechsel in Schweden“ um die Welt[104]: „Das bevölkerungsarme Land trug in der damaligen Krise einen signifikanten Teil der Last und war stolz auf seine offene und liberale

 © Frank & Timme Verlag für wissenschaftliche Literatur

Haltung. ‚Mein Europa errichtet keine Mauern' sagte der Premier Stefan Löfven damals."[105]

Nun hat sich die schwedische Asylpolitik abrupt geändert. „Während sich Deutschland nach dem Brand im Flüchtlingslager Moria auf der griechischen Insel Lesbos bereit erklärt hat, neben 150 unbegleiteten minderjährigen Flüchtlingen auch noch mehr als 1.500 weitere Flüchtlinge von fünf griechischen Inseln aufzunehmen, macht Schweden dicht. Die Regierung in Stockholm schickt zwar Hilfsmittel, aber will keine Menschen aufnehmen."[106]

Welches sind die Gründe für den abrupten Kurswechsel? Stefan Löfven gibt als Gründe die sozialen Spannungen in der Gesellschaft und die „Systembedrohung" durch die wachsende Kriminalität, speziell die Bandenkriminalität in den sozial benachteiligten Vororten, an. Die Anstrengungen im Kampf gegen die Clan-Kriminalität sei weitgehend fehlgeschlagen.[107]

Damit zieht selbst Schweden die Konsequenzen aus der Einsicht, dass sich die Staaten Europas durch die illegale Migration überfordern.

Was bedeutet eigentlich „die Grenzen dicht machen"? „Die Grenzen dicht machen" bedeutet, dass die Grenzen ausnahmslos für alle illegalen Einwanderer vollständig geschlossen werden, denn jede Grenze ist nur soweit dicht, wie die schwächste Stelle dicht ist. Wenn sich nur an einer einzigen Stelle eine undichte Stelle auftut, werden sich Flüchtlinge auf den Weg an diese Stelle machen. Diese Abschottungspolitik ist zwar erbarmungslos, wenn nicht gar barbarisch. Sie ist aber, und das scheint das Beispiel Schweden klar zu zeigen, unumgänglich.

10 Quellenverzeichnis

1 „Menschlichkeit oder Stacheldraht? Manfred Weber und Jean Ziegler im Interview mit Christian Grefe und Ulrich Ladurner“. In: Die Zeit 27/2020, 25. Juni 2020. URL: https://www.zeit.de/2020/27/eu-fluechtlingspolitik-jean-ziegler-manfred-weber

2 Ebenda.

3 „Klimaflüchtlinge können Anspruch auf Asyl haben“ (o. A.). In: Süddeutsche Zeitung, 21. Januar 2020. URL: https://www.sueddeutsche.de/politik/klimawandel-fluechtlinge-asyl-1.4766450

4 Martina Schwikowski: „Afrika wächst – und die Armut nimmt zu“. Deutsche Welle, 21. September 2018. URL: https://p.dw.com/p/35JeG

5 Goalkeepers Report 2018: https://www.gatesfoundation.org/goalkeepers/report/2018-report/

6 Statista: Bevölkerung nach Kontinenten 2020 und 2100. Datenquelle: UN DESA (Population Division). 22.04.2020. URL: https://de.statista.com/statistik/daten/studie/184686/umfrage/weltbevoelkerung-nach-kontinenten/#professional. In Asien leben laut der Prognose im Jahr 2100 rund 4,72 Milliarden Menschen.

7 Sigmar Gabriel bei Markus Lanz (ZDF) am 20.09.2018.

8 R+V Studie – Die Ängste der Deutschen 2019. URL: https://www.ruv.de/presse/aengste-der-deutschen/aengste-der-deutschen-langzeitvergleich

9 Schattauer, Göran: „Ein Polizist klagt an: ‚Beleidigt, bespuckt, tätlich angegriffen, bis ins Private bedroht'". In: FOCUS-Online, 23.06.2020. URL: https://www.focus.de/politik/bei-unserer-polizei-brodelt-es-gewaltig-frust-job-polizist-beleidigt-bespuckt-taetlich-angegriffen-bis-ins-private-bedroht_id_12131353.html

10 Soldt, Rüdiger: „Wer sind die Stuttgarter Randalierer?" In: FAZ, 23.06.2020. URL: https://www.faz.net/aktuell/politik/inland/25-festnahmen-wer-sind-die-stuttgarter-randalierer-16829090.html

11 Alle Zitate in diesem Absatz aus: Göran Schattauer: „Harte Antwort des Rechtsstaats bleibt aus". In: FOCUS-Online 26.06.2020. URL: https://www.focus.de/politik/harte-antwort-des-rechtsstaats-bleibt-aus-ein-richter-sieht-schwarz-viele-gewalttaeter-von-stuttgart-muessen-keine-strafen-fuerchten_id_12145433.html

12 Müller, Valentin: Clans in Deutschland. Von Abou-Chaker über Miri bis Remmo, FOCUS-Online, 07.01.2020. URL: https://praxistipps.focus.de/clans-in-deutschland-von-abou-chaker-ueber-miri-bis-remmo_116032

13 Ebenda.

14 Fluri, Lucien/Habegger, Henry: „Wie der Mafia-Clan die Schweiz unterwanderte – und jetzt von der Polizei unterwandert wurde". In: Aargauer Zeitung, 22.07.2020. URL: https://www.aargauerzeitung.ch/schweiz/wie-der-

 © Frank & Timme Verlag für wissenschaftliche Literatur

mafia-clan-die-schweiz-unterwanderte-und-jetzt-von-der-polizei-unterwandert-wurde-138528426

15 Ebenda.

16 Markus Lanz (ZDF) am 12.03.2019. https://www.youtube.com/watch?v=scfoSq8DV9g

17 Siehe auch den Film von Olaf Sundermeyer: „Die Clans – Arabische Großfamilien in Deutschland"; ARD am 30.03.2020 und Hermann, Jonas: Deutschland kriegt seine Clans nicht in den Griff. Das Problem: Die kriminellen Großfamilien haben keine Angst vor dem Rechtsstaat. In: NZZ, 6.5.2019. URL: https://www.nzz.ch/international/deutschland/kriminelle-clans-in-deutschland-was-wirklich-helfen-wuerde-nzz-ld.1472637

18 Hermann, Jonas: Deutschland kriegt seine Clans nicht in den Griff. Das Problem: Die kriminellen Großfamilien haben keine Angst vor dem Rechtsstaat. In: NZZ, 6.5.2019. URL: https://www.nzz.ch/international/deutschland/kriminelle-clans-in-deutschland-was-wirklich-helfen-wuerde-nzz-ld.1472637

19 Thyn, Larissa: In der Schweiz aufgewachsen, mit 16 im Ausland verheiratet: „Ich war doch noch ein Kind, als ich verheiratet wurde. Wieso billigt der Staat das?". In: NZZ, 18.6.2020. URL: https://www.nzz.ch/schweiz/minderjaehrigenehe-in-der-schweiz-mit-16-im-urlaub-verheiratet-ld.1561570

20 Kunz, Andreas: Wer Frauen und Schwule schlägt, gehört nicht zur Schweiz. In: SonntagsZeitung, 8.9.2019. https://www.derbund.ch/sonntagszeitung/wer-frauen-

und-schwule-schlaegt-gehoert-nicht-zur-schweiz/story/16028132

21 Ebenda.

22 Promundo-US/UN Women (eds.): Understanding Masculinities. Results from the International Men and Gender Equality Survey (Images) – Middle East and North Afrika. 2007. URL: https://imagesmena.org/wp-content/uploads/sites/5/2017/05/IMAGES-MENA-Multi-Country-Report-EN-16May2017-web.pdf

23 Siehe dazu Hermann, Jonas: Deutschland kriegt seine Clans nicht in den Griff. Das Problem: Die kriminellen Großfamilien haben keine Angst vor dem Rechtsstaat. In: NZZ, 6.5.2019. URL: https://www.nzz.ch/international/deutschland/kriminelle-clans-in-deutschland-was-wirklich-helfen-wuerde-nzz-ld.1472637

24 Ebenda.

25 Young, David /dpa: „Tötet alle Ungläubigen": Nach Festnahme brodelt es im Duisburger Clan-Millieu. In: FOCUS-Online, 17.7.2020. URL: https://www.focus.de/politik/deutschland/ist-null-toleranz-politik-verwirkt-toetet-alle-unglaeubigen-nach-festnahme-brodelt-es-im-duisburger-clan-millieu_id_12105615.html

26 Schattauer, Göran: Eklat bei Miri-Prozess: Prügelopfer widerruft Aussage nach Treffen mit Clan-Familie. In: FOCUS-Online, 9.3.2020. URL: https://www.focus.de/politik/deutschland/anklage-gegen-38-jaehrigen-eklat-bei-miri-prozess-pruegelopfer-widerruft-seine-aussage-nach-treffen-mit-clan-familie_id_11546172.html

 © Frank & Timme Verlag für wissenschaftliche Literatur

27 Spilcker, Axel: Berliner Clan-Boss droht Polizist: „Du legst dich mit dem Teufel an". In: FOCUS-Online, 6.2.2020. URL: https://www.focus.de/panorama/welt/issa-rammo-berliner-clan-boss-droht-polizist-du-legst-dich-mit-dem-teufel-an_id_11625190.html

28 Siehe: Keine Ermittlungen nach Tumult des Clan-Bosses vor Gericht (o.A.). In: BZ, 18.7.2019. URL: https://www.bz-berlin.de/tatort/menschen-vor-gericht/staatsanwalt-legt-revision-gegen-freispruch-fuer-clan-spross-ein

29 Aargauer Zeitung v. 14.10.2019; siehe auch: https://www.heise.de/forum/Telepolis/Kommentare/Einwanderung-als-Wunderwaffe-gegen-den-demographischen-Wandel-und-fuer-abgehaengte-Regionen/Betreff-Allahu-Akbar-Duisburg-Marxloh-ist-unser-Stadtteil/posting-36869101/show/

30 El Koran das heißt Die Lesung. Die Offenbarungen des Mohammed ibn Abdallah, des Propheten Gottes. Zu Schrift gebracht durch Abdelkaaba Abdallah Abu-Bekr übertragen durch Lazarus Goldschmidt im Jahre der Flucht 1334 oder 1916 der Fleischwerdung. Berlin, Brandus 1916. Alle nachfolgenden Zitate stammen aus dieser Übersetzung.

31 Erlebnis des Verfassers.

32 FIGU-Zeitzeichen, 3. Jg., Nr. 73, Juli 2017.

33 https://www.bka.de/DE/AktuelleInformationen/StatistikenLagebilder/Lagebilder/KriminalitaetImKontextVonZuwanderung/KriminalitaetImKontextVonZuwanderung_node.html

34 Schattauer, Göran: „Stunk im Freibad: Justiz so gut wie machtlos gegen aggressive Pöbler“. In: FOCUS-Online, 18.07.19. URL: https://www.focus.de/politik/sicherheits report/unruhen-am-pool-aggressive-freibad-poebler-justiz-hat-kaum-handhabe-gegen-hitzkoepfe-in-badehose_id_10931021.html

35 Beobachtungen des Verfassers.

36 Eugster, Beatrice/Arlt, Dorothee: „Burka-Inititative“: So denkt die Schweiz. In: DemoSCOPE news 2/19, S. 4/5. URL: https://www.demoscope.ch/fileadmin/files/News/2019_02/2019_02_demoscope_news_02.pdf

37 Kelle, Birgit: Kopftuchverbot ist überfällig: CDU lässt eine ganze Generation von Mädchen im Stich. In: FOCUS-Online, 11.12.2019. URL: https://www.focus.de/politik/experten/bkelle/gastkommentar-von-birgit-kelle-kopftuchverbot-ist-ueberfaellig-cdu-laesst-ganze-generation-von-maedchen-im-stich_id_11447282.html

38 Ebenda.

39 Manea, Melham (Jemenitisch-Schweizerische Politologin): „Ich will nicht mehr schweigen“. Freiburg i. Br., Basel, Wien: Herder, 2010.

40 Die Beispiele in diesem Abschnitt stammen aus dem Artikel „Anderthalb Stunden vor der Hochzeit brachten wir unsere Schwester um“ des israelischen Journalisten Hilo Glazer, der die Geschichten von Frauenmördern in Israel vorstellt. In: Das Magazin, 24/2019, 15.6.2019. URL: https://www.dasmagazin.ch/2019/06/14/anderthalb-stunden-vor-der-hochzeit-brachten-wir-unsere-schwester-um/

41 Ebenda.

42 Ebenda.

43 Beobachtung des Verfassers.

44 https://www.bundespraesident.de/SharedDocs/Reden/DE/Christian-Wulff/Reden/2010/10/20101003_Rede.html

45 Bertelsmann-Stiftung: Religionsmonitor 2017: Muslime in Europa.

46 Pantel, Nadia: Ein Iman, der den Islamismus für eine Bedrohung hält. In: Der Bund, 2.10.2020. URL: https://www.derbund.ch/ein-imam-der-den-islamismus-fuer-eine-bedrohung-haelt-812561746106

47 Mildner, Vivica: Islam-Experte erklärt, warum sich arabische Männer bei der Integration schwertun. In: FOCUS-Online, 11.2.2019. URL: https://www.focus.de/politik/deutschland/ahmad-mansour-islam-experte-erklaert-warum-sich-arabische-maenner-bei-der-integration-schwertun_id_10294401.html

48 Hier und im Folgenden: Ebenda.

49 Schattauer, Göran: Gruppenvergewaltigungen: Wer die Täter sind, woher sie kommen, warum sie es tun. In: FOCUS-Online, 9.3.2020. URL: https://www.focus.de/politik/gerichte-in-deutschland/neuer-fall-in-baden-wuerttemberg-sd_id_11363942.html

50 Ebenda.

51 Ebenda.

52 Cherix, Yann: „Die Herrin im Männerknast". In: Der Bund, 3.12.2019.

53 Ghadban, Ralph: „Arabische Clans, die unterschätzte Gefahr“, Ullstein, 2020

54 Persönliche Mitteilung von Herrn H. R. am 22.9.2020.

55 Persönliche Mitteilung.

56 Hermann, Jonas: Deutschland kriegt seine Clans nicht in den Griff. Das Problem: Die kriminellen Grossfamilien haben keine Angst vor dem Rechtsstaat. In: NZZ 6.5.2019. URL : https://www.nzz.ch/international/deutschland/kriminelle-clans-in-deutschland-was-wirklich-helfen-wuerde-nzz-ld.1472637

57 Ebenda.

58 Strittmatter, Kai: Ein ganzes Land rückt nach rechts. In: Tagesanzeiger, 5.6.2019. URL: https://www.tagesanzeiger.ch/ausland/europa/ein-ganzes-land-rueckt-nach-rechts/story/11604305

59 Persönliche Mitteilung v. Philipp A. am 11.12.2019.

60 Altenbockum, Jasper von: Wie konnte es so weit kommen? In: FAZnet, 7.9.2019. URL: https://www.faz.net/aktuell/politik/inland/wie-konnte-es-bei-der-clan-kriminalitaet-so-weit-kommen-16370348.html

61 Arnsperger, Malte: Nehmen ihnen Kinder weg: Schweden bekämpft Clan, der in Deutschland berüchtigt ist. In: FOCUS-Online, 17.05.2019. URL: https://www.focus.de/politik/ausland/libanesische-grossfamilie-nehmen-ihnen-kinder-weg-wie-schweden-clan-bekaempft-der-auch-in-deutschland-beruechtigt-ist_id_10723952.html

62 Ramadani, Zara: Die verschleierte Gefahr. Berlin, München, Zürich, Wien: Europa Verlag, 2017.

 © Frank & Timme Verlag für wissenschaftliche Literatur

63 Schröter, Susanne: Politischer Islam – Stresstest für Deutschland. München: Gütersloher Verlagshaus, 2019.

64 Hermann Jonas: Warum ist die Integration junger Muslime oft schwierig? Die Eltern seien schuld, sagt Pädagogikprofessor Ahmed Toprak. In: NZZ, 1.1.2020. URL: https://www.nzz.ch/international/paedagogik-professor-ahmet-toprak-kritisiert-muslimische-muetter-ld.1529228?reduced=true

65 Ebenda.

66 Ebenda.

67 Ebenda.

68 Ebenda.

69 Lösungsvorschlag des Verfassers.

70 Persönliche Mitteilung von Frau N. S am 9.2.2020.

71 Lutz, Anna: Kirche schickt Schiff zur Seenotrettung. In: pro – Christliches Medienmagazin, 12.9.2019. URL: https://www.pro-medienmagazin.de/gesellschaft/kirche/2019/09/12/kirche-schickt-schiff-zur-seenotrettung/

72 Ebenda.

73 https://de.wikipedia.org/wiki/Seenotrettung

74 Ernst, Andreas: „Die nicht beabsichtigten Folgen der Seenotrettung im Mittelmeer“. In: NZZ, 14.12.2019. URL: https://www.nzz.ch/international/die-nicht-beabsichtigten-folgen-der-seenotrettung-von-migranten-ld.1526539

75 Ebenda.

76 Ebenda.

77 https://de.wikipedia.org/wiki/Ethik

78 Ebenda.

79 Ebenda.

80 Ebenda.

81 Ebenda.

82 König, Siegfried: Migration im Spiegel der Philosophie. Amazon, 2019

83 Robin Alexander bei Markus Lanz am 25.8.2020.

84 https://de.wikipedia.org/wiki/Seenotrettung

85 Smend, Rudolf: Verfassung und Verfassungsrecht, München: Duncker & Humblot, 1928.

86 Villiger Kaspar: Stresstest für die Demokratie. Wege und Irrwege aus der Coronakrise Bern: Stämpfli Verlag, 2020.

87 Graw, Ansgar: Thilo Sarrazin: „Einwanderung fast immer sehr nachteilig für die Einheimischen“. In: The European, 31.8.2020. URL: https://www.theeuropean.de/ansgar-graw/thilo-sarrazin-uber-sein-neues-buch-zur-weltgeschichte-der-einwanderung-und-den-spd-parteiausschluss/

88 Ebenda.

89 Schmid, Anna: Auch in Provinz brodelt es - OB sieht nach Randalen „sozialen Sprengstoff“. In: FOCUS-Online, 23.7.2020. URL: https://www.focus.de/politik/deutschland/krawalle-in-stuttgart-und-frankfurt-wir-haben-ein-integrationsproblem-schwaebischer-ob-erklaert-warum-er-brandbrief-verfasst-hat_id_12237363.html

90 Bandle, Rico: Als die SP noch gegen Ausländer kämpfte. In: SonntagsZeitung, 20.09.2020. URL: https://www.tages-anzeiger.ch/als-die-sp-noch-gegen-auslaender-kaempfte-374076591996

 © Frank & Timme Verlag für wissenschaftliche Literatur

91 Ebenda.

92 Steinbrück, Peer: Das Elend der Sozialdemokratie, Anmerkungen eines Genossen. München: C. H. Beck, 2018.

93 Peer Steinbrück bei Markus Lanz vom 30.1.2020.

94 Gujer, Eric: Deutschland zahlt für Merkels Satz „Wir schaffen das" einen hohen Preis. In: NZZ, 28.03.2020. URL: https://www.nzz.ch/meinung/der-andere-blick/fuenf-jahre-wir-schaffen-das-deutschland-zahlt-einen-hohen-preis-ld.1573650?reduced=true

95 Ebenda.

96 Bundesministerium des Inneren: Islam in Deutschland. URL: https://www.bmi.bund.de/DE/themen/heimat-integration/staat-und-religion/islam-in-deutschland/islam-in-deutschland-node.html

97 „Kriminalität im Kontext von Zuwanderung", Bundeslagebild 2018.

98 Cherix, Yann: „Die Herrin im Männerknast". In: Der Bund, 3.12.2019.

99 Kahlweit, Cathrin: Die Frau mit der schneidenden Stimme. In: Der Bund, 8.6.2020; auch: Kahlweit, Cathrin: Priti Patel. In: Süddeutsche Zeitung, 7.6.2020. URL: https://www.sueddeutsche.de/politik/profil-priti-patel-1.4929716

100 Remund, Peter: Rotkreuzpreis 2019 für Margrit Dieterle. In: Aarauer Nachrichten, 8.7.2019. URL: https://www.aarauer-nachrichten.ch/aarau/detail/article/rotkreuzpreis-2019-fuer-margrit-dieterle-00167000/

101 Axelle Kabou: Weder arm noch ohnmächtig. Eine Streitschrift gegen schwarze Eliten und weisse Helfer. Basel: Lenos, 2009.

102 Gujer, Eric: Deutschland zahlt für Merkels Satz „Wir schaffen das“ einen hohen Preis. In: NZZ, 28.8.2020. URL: https://www.nzz.ch/meinung/der-andere-blick/fuenf-jahre-wir-schaffen-das-deutschland-zahlt-einen-hohen-preis-ld.1573650?reduced=true

103 Private Seenotrettung führt zu mehr Tote. Sebastian Kurz im Interview. In: BILD. URL: https://www.bild.de/politik/ausland/politik-ausland/sebastian-kurz-oesterreichs-bald-kanzler-bitte-sagen-wir-nicht-fluechtlinge-sond-67095258.bild.html

104 Kröner, Karla Sophie: Kurswechsel in Schweden. Warum Löfven keine Flüchtlinge mehr aufnehmen will. In: FOCUS-Online, 2.10.2020. URL: https://www.focus.de/politik/ausland/migrationspolitik-in-schweden-regierung-in-schweden-unter-druck-kurswechsel-in-der-asylpolitik_id_12485702.html

105 Ebenda.

106 Ebenda.

107 Ebenda.

 © Frank & Timme Verlag für wissenschaftliche Literatur